할일이아닌
한 일을 기록하라

시간을 120% 활용하는 메모의 기술

할 일이 아닌
한 일을 기록하라

이민우 지음

iZi 이지퍼블리싱

한 일을 기록하여 꿈을 향해 나아가다

지금에 만족하는 사람은 몇이나 될까? 대부분 지금에 만족하지 않고 더 나은 내일을 꿈꾸며 새로운 목표를 세운다. 하지만 작심삼일은 고사하고 실행조차 하지 않는 경우가 많다. 왜 실행조차 하지 않을 일을 계획하고 바람을 이룬 모습을 상상하며 희망에 부풀까? 언제나 '더 나은 삶'을 바라기 때문이 아닐까.

현재보다 더 나은 삶을 꿈꾸면서도 중요한 한 가지를 놓치고 있는 것 같다. 그것은 바로 시간이 주는 기회다. 시간은 세상에서 가장 공평하게 주어지는 도구이자 원석이다. 이를 어떻게 사용하느냐에 따라 인생을 원하는 방향으로 얼마든지 바꿀 수 있다. 하지만 대부분의 사람이 시간이 주는 소중함과 그 안에

4

녹아 있는 진정한 가치를 알지 못한다. 평소 공기의 소중함을 모르는 것처럼….

무엇보다 소중하고 가치 있는 시간에 대해 다시금 생각해보아야 할 때다. 금수저이든 흙수저이든, 나와 같은 곳에 살든 지구 반대편에 살든, 백인이든 흑인이든 아시아인이든, 부유하든 가난하든 공평하게 주어지는 시간에 대해서 말이다. 시간을 중요하게 생각하지 않는 것은 자신에게 주어진 시간을 제대로 확인하지 못해서일 수 있다. 시간을 어떻게 보내고 있는지 객관적으로 볼 수 있으면 시간이 준 기회를 놓치지 않을 것이다.

이를 위해서는 한 일을 기록하는 게 중요하다. 나는 그날 한 일을 1시간 단위로 기록하여 삶을 가치 있게 바꿀 수 있었다. 해야 할 일이 아닌 오로지 실행한 일을 기록하는 것이다. 그러면 자신의 시간 씀씀이를 확인할 수 있을 뿐 아니라 진짜 원하는 목표를 위해 시간을 할당하는 데 도움이 된다. 그렇게 한 일을 기록한 이후로는 '시간이 없다'는 핑계를 대는 일이 없었다.

사람들에게 부자가 되고 싶으냐고 물으면 열에 아홉은 그렇다고 할 것이다. 그중 몇몇은 당연한 소릴 왜 하느냐며 의아해할지도 모른다. 다들 부자가 되고 싶어 하는데 부(富)는 왜 소수의 사람에 집중되어 있을까? 왜 다수의 사람은 부자가 되지 못한 채 제자리걸음만 하는 것일까?

사람들에게 이루고 싶은 꿈이 있느냐고 물으면 많은 사람이 그렇다고 할 것이다. 그런데 그 꿈을 위해 무엇을 하고 있느냐고 물으면 확실히 대답하는 사람이 드물다. 그저 두루뭉술한 말만 할 뿐이다. 꿈을 위한 계획이 무엇이냐는 물음에도 역시나 대답이 시원찮다.

부자가 되고 싶든, 꿈을 이루고 싶든 바라기만 해서는 아무것도 이루어지지 않는다. 왜 원하는 바가 있으면서 행동하지 않고 생각으로만 그치거나 행동이 유지되지 않고 작심삼일로 끝날까? "시간이 없다", "지금 다니는 직장 업무만으로도 사는 게 벅차다" 등 핑계는 무궁무진하다.

세상에는 마음을 다스려 계획을 관철하는 데 도움을 주는 도구가 많다. 대표적으로 요가, 새벽 기상, 운동, 명상 등이 있다. 많은 사람이 효과를 본 도구로 꾸준히 실천하면 분명 당신이 원하는 바를 얻을 수 있다.

도구는 많다. 문제는 지속성이다. 이루고자 하는 바람은 대부분 단기간에 이루어지는 것이 아니다. 사람마다 원하는 바는 다양하겠지만 무엇이 되었든 단기간에 이루어지는 것은 없다. 명확한 목표 의식과 꾸준한 행동이 뒷받침되어야만 얻을 수

할 일이 아닌 한 일을 기록하라

있다.

요가, 새벽 기상, 운동, 명상 등은 꿈을 현실로 만들어주지는 못한다. 분명히 마음을 다스리는 강력한 도구이지만 직접적인 결과를 주지는 않는다. 다만 자신이 가야 할 방향대로 포기하지 않고 꾸준히 전진할 수 있도록 동기부여를 한다. 생각을 강화해 행동으로 옮기게 하는 원동력을 만들어주는 것이다.

하지만 시간은 다르다. 한 일을 기록하면 동기부여뿐 아니라 직접적인 결과를 만들 수 있다. 이제 가슴속에 묻어두었던 꿈을 꺼내어 타인을 위한 시간이 아닌 나 자신을 위한 시간을 만들어가보길 바란다.

이민우

| 차례 |

왜 꿈만 꾸고 행동하지 않을까

지금, 여기서, 내가 원하는것

3장

꿈의 현실화에 필요한 무기, 시간

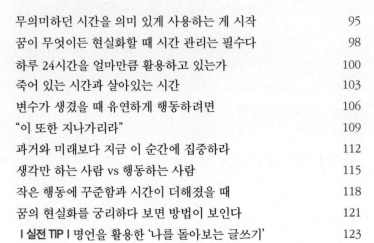

4장

내가 한 일을 1시간 단위로 기록하는 이유

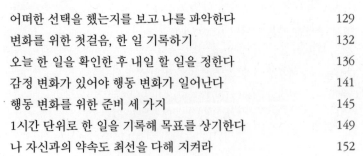

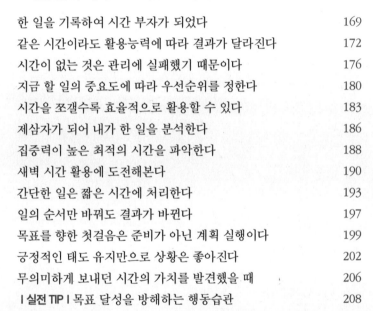

1시간 단위 기록으로 나는 25시간을 산다

1장

왜
꿈만 꾸고
행동하지 않을까

행동 없이 저절로
이루어지는 꿈은 없다

당신이 '할 거라고' 말하는 일 말고 당신이 '하는 일'이 당신이다.
- 카를 융 -

현재는 당신의 생각이 아니라 행동으로 만들어진 것이다.
생각만 하고 행동하지 않는다면 당신이 바라는
장밋빛 인생은 이루어지지 않을 것이다.

이 세상에 부자를 꿈꿔보지 않은 사람이 과연 몇이나 될까? 나는 늘 부자를 꿈꾸었다. 지금도 여전히 부자가 되길 희망한다. 하지만 부자가 되고 싶다고 소망할 뿐 지금껏 아무것도 하지 않았다. 머릿속은 바빴다. 로또에 당첨되는 상상, 주식 투자가 대박 나는 상상, 창업으로 성공하는 상상 등을 하느라 바빴다. 문제는 행동 없이 상상만 했다는 것이다(물론 로또는 샀다). 상상 속의 나는 늘 부자였지만 현실 속의 나는 먹고살기 빠듯한 돈을 버는 직장인일 뿐이었다.

어느 주말의 일이다. 전날 과음으로 오후 늦게 일어나 씻지도 않은 채 담배만 챙겨 현관문을 나섰다. 아파트 앞 화단에서 담배를 피우며 '좀 있으면 해가 지겠네? 저녁에는 뭐 하지?' 하고 느긋하게 생각했다. 그때 집 앞 공원에서 운동하는 사람이 시야에 들어왔다. 공원 안에 조성된 운동기구는 스트레칭용 위주여서 주로 어르신들이 이용한다. 그날도 몇몇 어르신이 운동하고 있었다. 문득 '나의 60대는 어떤 모습일까?'라는 생각이 들었다.

'아내와 아이들과 즐거운 추억을 많이 쌓았겠지? 정년퇴직이 가까운 나이니까 퇴직금으로 가족들과 유럽 일주를 하면 좋겠다. 꾸준히 관리하면 체력도 받쳐줄 거야.'

즐겁게 이런저런 상상을 하다가 순간적으로 제동이 걸렸다. '지금처럼 살면 그런 미래가 올까?' 싶었기 때문이다. 등골이 오싹했다. 그저 잘될 거란 생각만 하며 하루하루를 살면 미래의 내 모습이 지금과 다를 바가 없을 것 같았기 때문이다.

지금의 내 모습이라면…. 대출이자를 갚고 나면 먹고살기도 빠듯해 매일매일 돈에 허덕인다. 예상치 못한 지출이 생기는 날이면 구멍 난 생활비에 절로 한숨이 난다. 남들 다 가는 여행도 허리띠 졸라매지 않으면 꿈도 꾸기 힘들다. 이것이 미래의 내 모습이라면? 더 나빠졌으면 나빠졌지 더 나은 미래가 올 것 같

할 일이 아닌 한 일을 기록하라

지 않았다.

'지금도 가기 어려운 해외여행을 퇴직금 나온다고 갈 수 있을까? 지금도 과체중에 신경 써서 관리하는 것도 아닌데 60대에 체력이 좋아질까? 지금도 가족들과 함께하는 시간이 없는데 추억이 쌓일까?'

근거도 없는 착각에 빠졌던 것이다. 미래에 대한 계획은커녕 현실에 대한 계획도 없으면서 장밋빛 인생을 꿈꾼 것이다. 그저 부자가 되고 싶다는 바람만 있을 뿐 그 바람을 위한 단 한 가지 일도 하지 않은 채 말이다.

이런 생각도 든다. 부자가 되고 싶다는 생각이 착각일지도 모른다고, 사실은 부자가 되고 싶지 않은 것일 수도 있다고 말이다. 진정 원하는 게 맞는 건가 싶다. 그런 의문이 든 이유는 다음과 같다.

첫째, 부자에 대한 부정적인 생각이다. '벌었다가 한 번에 다 잃고 그전보다 더 힘들어질 수 있다', '번 돈의 대부분을 세금으로 내야 한다', '돈으로 인해 건강이 나빠질 수 있다', '여기저기서 도움 요청이 쇄도한다', '사람들이 나를 좋아하는지 내 돈을 좋아하는지 알 수 없게 된다' 등이다.

세금을 얼마를 내든 지금보다 많은 돈을 가질 수 있고, 혹여 건강이 나빠져도 돈이 있어야 제대로 치료할 수 있다. 또 돈 때문이든 어쨌든 내가 좋아하는 사람이 내 곁에 많으면 더 행복하지 않을까? 가난해야 진정한 친구를 사귈 수 있는 것도 아니지 않은가. 부자에 대한 부정적인 생각이 자리 잡혀 그 안에 갇혀버린 건 아닌지 생각해보자.

둘째, 바뀌지 않는 행동이다. 지금의 현실은 스스로 만든 결과다. 인생은 선택의 연속이다. '지금 할지, 나중에 할지'를 고민하고 결정한다. 그런데 대개 '당장의 편함'을 우선해버린다. 가령 저녁 운동을 계획하고도 TV 시청을 해버린다든지, 새벽 기상을 계획하고도 알람을 끄고 일어나지 않는 등 당장 편한 쪽을 선택한다. 목표를 위한 행동으로 바뀌지 않는 것이다.

나 또한 부자가 되고 싶어 하면서 아무런 계획과 행동이 없었다. 나는 과연 부자가 되고 싶어 한 걸까? 변화를 원하지만 아무런 행동도 없다면 당신이 원하는 결과도 없다. 꿈을 이루기 위해 꾸준히 행동한다면 멀게만 보였던 꿈이 어느새 다가와 있을 것이다.

할 일이 아닌 한 일을 기록하라

현재는 과거의 내 선택이
만든 결과물

작은 일이라고 해서 하찮게 넘기지 마라.
그 일이 어디로, 어떻게 이어질지는 아무도 모르기 때문이다.
- 금언 -

당신에게 일어나는 아주 작은 일조차 모두 당신을 위해
일어나는 일이라는 것을 명심하라.

세계적인 영적 지도자 바이런 케이티는 "모든 일은 당신에게 일어나는 일이 아니라 당신을 위해 일어난다"라고 했다. 삶에 지친 이들은 "왜 나에게 이런 시련이…", "이런 삶은 내가 원하던 삶이 아닌데…" 하고 한탄할지도 모른다. 하지만 선택의 갈림길에 놓였을 때 주도권은 자기 자신에게 있었을 것이다. 시련은 누군가가 내린 벌이 아니라 스스로 만들어낸 결과다.

성공해서 부를 일군 사람에 대해 번뜩이는 아이디어가 있어서, 뛰어난 협력자가 있어서, 자금력이 있어서 가능했다고 생각하기 십상이다. 그런데 성공한 사람들의 공통점은 끈기 있게 끝까지 포기하지 않고 행동을 관철했다는 것이다. 대중은 '지금 현재' 어느 정도로 성공했는지에 더 주목하기 때문에 '지난 과거'에 어떻게 노력했는지를 잘 모른다. 그들이 성공을 위해 어떤 행동을 취했는지를 보면 성공으로 나아갈 수 있는 실마리를 찾을 수 있다.

마이클 펠프스는 세계 최고의 수영선수이자 120년이 넘는 올림픽 역사상 전 종목 통틀어 최고의 선수로 꼽힌다. 그는 네 번의 올림픽에 참가했으며 총 28개의 메달을 획득했다. 그중 금메달만 23개다. 2008년 베이징 올림픽에서는 금메달 8개를 수상했는데, 이 기록만으로도 국가 순위 10위에 오를 성적이었다.

처음에는 그의 신체조건을 성공 비결로 꼽았다. 193cm라는 큰 신장에 긴 팔, 짧은 다리, 큰 손발 등이 수영선수로서 최적의 조건이긴 하지만 이전에도 그런 신체조건의 선수는 많았다. 점차 다른 성공 비결이 보이기 시작했다.

그의 성공 요인 중 하나는 바로 훈련량이다. 수영을 시작하고 11살 때 밥 보먼 코치를 만난 이후로 그는 처음 5년 동안 하루도 훈련을 쉰 날이 없었다고 한다. 무려 1,852일을 수영에만 매달렸던 거다. 하루 두 번 총 6시간씩 일주일에 6일을 훈련하

할 일이 아닌 한 일을 기록하라

며 매일 13km를 기본으로 수영했다고 한다. 수영 이외에 주 3일은 체육관에서 팔굽혀펴기, 턱걸이, 역도 등의 근육 강화 운동을 했다고.

펠프스의 엄청난 훈련량을 간접적으로 알 수 있는 대목이 바로 그의 식단이다. 그는 하루에 5끼로 12,000kcal를 섭취했는데, 이는 보통 성인 남성의 1일 적정 섭취량(2,500kcal)의 5배나 된다. 하지만 이렇게 많이 먹으면서 체질량 지수는 4%대를 유지했다. 그만큼 훈련량이 엄청났던 것이다.

뛰어난 신체조건과 훌륭한 코치를 둔 선수는 분명 펠프스 말고도 많았으리라. 하지만 그의 연습량을 따라올 만한 선수는 그다지 없었을 것이다. 화려한 스포트라이트 이면에는 피땀 어린 노력이 있었다. 행동이 있었기 때문에 결과로 나타날 수 있었다.

지금의 현실 속에서 앞으로 더 발전할 수 있는 행동을 찾아야 한다. 현재 큰 시련으로 괴롭다면 그것은 그만큼 발전의 폭이 크다고 볼 수도 있다. 시련이 클수록 높이 도약할 수 있는 폭이 큰 법이다. 실패할 가능성보다는 도약해 발전할 가능성에 초점을 맞추자.

'담배를 피울지, 끊을지?', '술을 마실지, 끊을지?', '운동할지,

쉴지?', '공부할지, 게임할지?' 등 살면서 행동 변화와 관련 있는 선택을 내려야 하는 순간을 수차례 만난다. 모든 일에 대한 결정권은 나 자신에게 있다. 긍정적인 선택이 될지 부정적인 선택이 될지는 모르지만, 삶의 방향을 바꿀 수 있는 선택이라는 것은 변함이 없다. 좋은 결과를 얻기 위해서는 옳은 선택을 늘려가는 수밖에 없다. 여기서 옳은 선택은 쉬운 쪽보다 어려운 쪽이 더 많다. 쉬운 쪽으로 결정하면 실행도 쉽고, 어려운 쪽으로 결정하면 실행도 어려운 경우가 많다.

모든 물질, 정신, 행동에는 명암이 존재한다. 한쪽만 존재하는 것은 없다. 물질적인 돈을 보자. 그 돈의 주인이 어떻게 사용하느냐에 따라 돈의 명암이 바뀐다. 정신적인 사랑을 보자. 부모님이 내게 주시는 사랑, 연인과의 달콤한 사랑이 '명(明)'이라면, 집착이나 소유욕 같이 '암(暗)'으로 변질된 사랑도 있다. 어떻게 생각하고 행동하느냐에 따라 명암이 달라진다. 쉬운 쪽 대신 어려운 쪽, 즉 옳은 선택을 하면 오늘보다 더 나은 내일을 만날 수 있을 것이다.

할 일이 아닌 한 일을 기록하라

미래가 불안하다면 변화가 필요하다는 신호다

너무나 많은 사람이 기회 대신 안정을 추구한다.
죽는 것보다 사는 것이 더 두려운 모양이다.
- 제임스 번스 -

안정을 위해 많은 것을 포기하고 참으며 살아가고 있지만
막상 안정은 오지 않는다.

일생일대의 기회가 오면 어떻게 할 것이냐를 묻는 설문조사에 67% 이상이 다시 한 번 생각해보거나 상황을 조금 더 지켜본다고 답했다. 주저 않고 기회를 잡는 행동보다 조심스러운 행동을 취하겠다는 사람이 많은 것이다. 눈앞에 행운이 찾아와도 행동을 조심한다는데 멀게만 느껴지는 꿈을 위해서는 더욱 행동을 주저하지 않을까. 생각만 하고 행동하지 않는다면 어떠한 목표도 이룰 수 없다.

요즘에는 기본적인 수입과 동시에 자신의 기회를 만들어나

가는 사람이 적지 않다. 직장을 다니면서 블로그와 유튜브를 운영하는 사람, 강사로 생활하는 사람, 소설과 책을 집필하는 사람을 한 다리만 건너도 만날 수 있을 정도다. 공통 취미를 가진 사람들이 모여 가게를 열거나 스마트스토어를 운영해 수익을 창출하는 경우도 늘고 있다.

혼자 또는 같이 'N잡'을 하는 사람이 많다. 직장인 10명 중 8명이 N잡 의향을 밝히고 있으며 그 수치는 77%에 달한다. 30대 직장인의 18%는 이미 제2의 수익원이 있다고 밝힐 만큼 직장인에게 N잡은 경제적 자유를 위해 꼭 필요한 것으로 자리 잡혔다.

단순히 돈을 벌기 위해 N잡을 하는 사람도 있을 테지만 아마 대부분은 안정된 미래를 위한 준비의 일환일 것이다. 직장인으로서 창출하는 수익과 내가 주도적으로 움직여 창출하는 수익 중 어느 쪽이 더 안정적일까? 변화를 예측할 수 없는 이 시대에는 후자가 더 안정적이라는 게 'N잡러'들의 판단이다.

지금 다니고 있는 직장에서 대표나 임원이 될 수 없다면 자신만을 위한 일을 준비하는 게 현명할 수 있다. 세컨드 잡은 향후에도 커리어를 이어갈 수 있는 일이 좋다.

자율주행, 인공지능, 빅데이터, 사물 인터넷 등 4차 혁명으로 세상이 빠르게 변하고 있다. AI가 일상화되면 삶의 질은 향상되겠지만 한편에서는 직업을 뺏길지도 모른다는 우려가 크다. 기존의 직업이 사라지고 새로운 직업이 생겨날 것이라는 예측이다.

현재 자신의 직업을 객관적으로 바라보고 미래에 대한 대비책을 마련해놓아야 한다. 다음은 정보통신기술들이 발달하면서 사라질 것으로 보이는 직종이다. 참고하길 바란다.

1. 생산직
2. 정비사
3. 서비스업
4. 상담원
5. 택배 운송업
6. 선생님
7. 택시, 버스 기사
8. 통역사
9. 보험업자
10. 은행원
11. 청소부

위 직업이 당장 사라지지는 않겠지만 분명 변화의 바람은 불 것이다. 이 바람을 맞는 사람이 당신이 될 수도 있다. 변화의 시대에서 살아남으려면 지금부터 미래를 위해 행동해야 한다.

가만히 기다려도
완벽한 상황은 오지 않는다

누구나 저마다의 문제가 있다.
삶은 늘 완벽할 수 없다.
- 개리 비숍 -

지금 원하는 게 무엇인가? 원하는 것이 있기는 한가?
그런데 왜 그것을 위해 시간을 들이지 않는가?

누구나 마음속에 꿈을 품고 있다. 그 꿈은 삶의 활력소가 된다. 하지만 꿈을 현실로 바꾸기 위해 행동하는 사람은 많지 않은 것 같다. 현재 내 상태로는 이루기 힘들다고 여기기 때문이다. 그래서 여건에 맞게 꿈을 수정하거나 여건이 갖추어지기를 기다린다.

"지금은 일단 취직을 해서 나의 생계를 이어 나가는 게 우선이야.", "필요한 돈과 시간을 확보하고 여행을 떠나자.", "장사도 돈이 있어야 하지.", "내 주제에 무슨 연애야." 하고 현실과 타협

할 일이 아닌 한 일을 기록하라

한다. 그리고 자신이 원하는 조건이 충족되었더라도 결국 또 다른 조건을 만들어 실행하지 않는다.

하버드대 심리학과 연구진에 따르면 사람들은 하루 평균 60회 이상 핑계를 대며 일을 미룬다고 한다. 조건이 어느 정도 충족되어도 다른 문제를 대입해 행동을 늦춘다는 것이다.

완벽한 상황은 없다. 애초에 완벽한 상황이었으면 바라던 꿈은 더 이상 꿈이 아닌 일상으로 여길 것이다. 가령 돈이 많다면 지금 구상하는 사업은 없어지고 더 큰 목표를 세울 것이다. 꿈은 현재 주어진 환경을 개선하고 싶은 마음이 계기가 되어 생긴다. 그래서 늘 약간 불안정한 상태에서 계획을 실행할 수밖에 없다.

부모님과 3박 4일간의 여행을 가고 싶다는 지인의 말에 나는 왜 지금 추진하면 안 되느냐고 물었다. 지인은 취직한 지 얼마 안 됐고 여행 갈 만큼 여윳돈이 모이지 않았다고 했다. 4년 만에 다시 만난 지인이 여지껏 여행을 가지 못했다고 해서 아직도 여윳돈이 모이지 않았느냐고 물으니 돈은 마련되었지만 부모님과 시간 맞추기가 어려워 가지 못했다고 했다. 이쯤 되니 지인이 내게 이루고 싶은 목표를 말한 것인지, 소망을 말한 것인지 모르겠다. 하지만 그가 내년에도 똑같은 말을 누군가에게 얘기할 것은 확실하다.

완벽하지 않아도 행동해야 한다. 행동하기 전까지 완벽한 상황은 오지 않는다. 행동으로 부족한 점을 메우며 나아가야 꿈을 현실로 만들 수 있다.

42.195km의 마라톤을 준비하기 위해서는 일단 밖으로 나가 뛰어야 한다. 연습할 시간이 없다고 하지 마라. 이번 주는 그보다 중요한 일이 예정되어 있다고 미루지 마라. 장비가 다 갖춰져 있지 않다고 핑계 대지 마라. 조금이라도 달려라. 하루 5km를 뛸지 10km를 뛸지는 뛰어보고 난 후 결정해도 늦지 않다. 일주일에 3일을 연습할지 5일을 연습할지를 뛰기도 전에 고민하지 마라. 일단 신발 신고 나가 뛰어라. 다시 한 번 말하지만 가만 있어서는 바라 마지않는 완벽한 상황은 오지 않는다.

평가할 수 있는 것은 지금
이 순간뿐이다

오늘 세운 좋은 계획이 내일 세울 더 좋은 계획보다 낫다.
- 조지 패튼 -

어떤 계획을 지나치게 세분화할 필요도 없고 완벽한 계획이
아니어도 걱정할 필요 없다. 묵묵히 계획을 수정해가며
실행하면 그것이 가장 현명한 것이기 때문이다.

체계를 세우면 수시로 바뀌는 환경을 통제하고 변화를 자연
스레 유도해 습관화할 수 있다. 예를 들어 아침에 일어나 세수
하고 물을 마시고 아침식사를 하고 영양제를 챙겨 먹고 옷을 입
은 후 출근하는 일을 반복하면 자연스레 몸에 밴다. 이는 따로
계획하거나 특별히 의지력을 발휘하지 않고도 쉽게 할 수 있는
행동들이다.

아침뿐 아니라 저녁, 잠자기 전, 출근한 직후 등 특정 시간대
에 따라 체계적으로 정해진 행동이 있을 수 있다. 저도 모르게

척척 행동할 만큼 자리 잡은 것이라면 습관화됐다라고 표현할 수도 있으리라.

습관이 우리를 좋은 방향으로만 이끌어준다면 문제되지 않지만 오히려 문제를 만드는 계기가 되기도 한다. 그렇기에 행동을 확인하여 체계화하는 것이 중요하다. 아무런 체계 없이 충동적으로 행동하면 아무래도 체계적으로 행동했을 때보다 비효율적이다. 소소하게는 장보기 리스트 없이 장을 보러 간다든지, 밥을 먹은 직후 포만감에 못 이겨 곧바로 눕는 행동이 있다. 장보기 리스트가 없이 장을 보면 불필요한 물건이 장바구니에 담길 확률이 높다. 식사 후 바로 눕게 되면 속이 더부룩해 다음 식사를 거른다든지 해서 생활리듬이 깨질 수 있다.

마음이 시끄러우면 마음 제어가 더 어렵다. 감정이 상해 앞뒤 가리지 않고 불같이 화를 내거나 폭음을 하는 경우가 이에 해당한다. 그러면 건강을 해치고 인간관계를 망가뜨릴 우려가 있다. 미리 체계를 세웠다면 이런 일을 방지할 수 있지 않을까.

장보기 전에 구입품목을 정리하고, 밥 먹은 후 1시간 산책해서 소화시키고, 화가 나면 심호흡을 해 마음을 가라앉히고, 기분이 울적할 땐 술 대신 좋아하는 음악을 듣는다. 이런 식으로 상황을 예상해 체계를 만들어놓으면 하루 24시간을 더 효율적으로 보낼 수 있다.

하루에 한 일을 1시간 단위로 기록하고 이에 대해 그날그날 점수를 매겨보자. 그럼 내 행동의 효율을 더 높일 수 있다. 가령 1시간의 회의를 했다고 하자. "나는 회의에 집중하기 위해 최선을 다했나?", "회사 문제에 좋은 제시안을 내놓기 위해 최선을 다했나?" 하고 스스로에게 묻고 점수를 매겨본다. 그러면 다음에 이루어지는 회의에서는 이전과는 다른 태도로 참석하게 될 것이다. 자신이 보낸 시간에 점수를 매김으로써 앞으로의 시간을 더 긍정적으로 보내자는 마음가짐이 된다.

체계를 세우면 하루를 더 충실히 보낼 수 있다. 아침부터 잠자리에 드는 시간까지 스스로 만족하는 하루를 만들면 내일의 나는 더 성장하지 않을까. 이미 지나간 과거는 어떻게 할 수 없다. 마음속에만 존재하는 미래도 어쩔 수 없다. 바꿀 수 있는 건 미래의 나를 그리는 지금 이 순간뿐이다.

행동 없이는 아무것도
달라지지 않는다

장애물과 기회의 차이는 무엇인가?
그 차이란 그것에 대한 우리의 태도뿐이다.
- 금언 -

지금 당신의 장애물은 무엇인가? 그것이 장애물에 그칠지
기회가 될지는 오로지 당신 몫이다.

사람들에게 목표나 하고 싶은 일을 물어보면 "세계 일주를 하고 싶어요", "슈퍼카를 사고 싶어요", "작은 가게를 열고 싶어요" 하고 저마다 답이 다를 것이다. 하고 싶은 일을 명확하게 답하는 경우, 대부분 계획을 세운 지 3~5년쯤 되고 곧 이룰 예정이라고 말한다. 그런데 이때 '시간이 되면', '어느 정도 돈을 모으면'이라는 애매모호한 단서가 붙는다.

'곧'은 경계해야 할 단어다. 실행하지도 않은 일이 꼭 실행될 것처럼 착각을 일으키기 때문이다. '곧'은 '나중에 할 것'이 아니

할 일이 아닌 한 일을 기록하라

라 '아직도 하지 못한 것'이라고 받아들여야 한다. 그렇지 않으면 3년 후에도 똑같이 '곧 이룰 예정'이라고 말할 것이 분명하다.

'곧'을 없애려면 할 일을 목록화해야 한다. 이른바 '버킷리스트 작성'이다. 최근 많은 사람이 버킷리스트를 만들고 실행 결과를 SNS에 공유하기까지 한다. 버킷리스트는 말 그대로 죽기 전에 하고 싶은 일의 목록이지만 '1년 버킷리스트'와 같이 정해진 기한 내에 하고 싶은 일의 목록도 생겼다.

할 일을 목록으로 정리하는 이유는 단기 목표로 삼아 집중할 수 있기 때문이다. 가령 해외여행을 목표로 잡았다면 대부분의 사람이 해외여행을 큰 목표로 보고 세부적인 계획을 세운다. 그렇게 되면 너무 쉽게 문제점에 봉착하게 된다. 금전적인 부분은 둘째 치고 여행을 위한 시간 확보, 숙박, 식사 등 아주 간단한 일부터 해결해야 할 게 많아 보인다. 사실 이 문제들은 그날그날 해결해도 무방한 일이다. 목표를 이뤄나가면서 충분히 해결할 수 있다. 하지만 작은 문제라도 여러 개가 쌓이면 자칫 포기해버리기 십상이다.

조금 다르게 접근해보자. 꿈을 위해 자신이 해야 할 일 100개의 목록을 작성해본다. 무엇이 됐든 하나를 완성하면 목표를 향해 나아간 것이므로 오로지 목표 달성에만 집중할 수 있다. 시야를 멀리 두어 세부적인 계획이 아닌 큰 계획으로 접근하는 것이다. 그렇게 되면 숙박, 식사 등 세부 계획은 고민하지 않게 된다. 계획 달성으로 가는 작은 길목 중 하나로 보면 되기 때문이다.

해야 할 일들은 모두 큰 계획을 위한 일들이다. 목표를 어떻게 보느냐에 따라 크게 보일 수도 있고 작게 보일 수도 있다. 세부 계획이 걸림돌이 될지, 다른 행동으로 이어지는 기회가 될지는 아무도 모른다.

목표의 크기에 집중하지 마라. 애써 장애물을 만들지 마라. 포기하려고 애써 핑계를 만들지도 마라. 크든 작든 그저 목표에만 집중하고 묵묵히 행동하라.

에디슨이 전구를 발명했을 때 한 기자가 "2,000번이 넘게 실패했을 때의 기분이 어땠나요?"라고 물었다. 그러자 에디슨은 "실패라니요? 난 한 번도 실패한 적이 없습니다. 단지 2,000번의 단계를 거쳐 전구를 발명했을 뿐입니다."라고 답했다. 무엇이 됐든 실행하라. 넘어지는 과정은 있어도 실패는 없을 것이다.

현상 유지를 하려는
순간 도태된다

노력한다고 항상 성공할 수는 없겠지.
하지만 성공한 사람은 모두 노력했다는 걸 기억해둬.
- TV만화 〈더 파이팅〉 -

현실에 안주하려는 순간 우리는 도태된다.
지속적인 행복은 지속적인 배움이 없인 불가능하다.

칭기즈 칸은 몽골 제국의 제1대 왕으로서 중앙아시아를 평정하고 서양을 정벌해 동서양에 걸친 대제국을 건설했다. 그가 대제국을 건설할 수 있었던 건 기마술과 리더십 말고도 뛰어난 전략이 있었기 때문이다.

그는 정복한 국가의 기술, 제도 등 혁신적인 부분을 빠르게 흡수했다. 건축기술, 미술, 과학기술의 발전이 미흡했던 몽골은 다른 국가의 문명과 기술을 수용해 자국에 맞게 적용했다. 예를 들어 터키의 조직 재편을 보고 십진법(十進法)이라는 새로운 기수

법을 만들었고, 탱크로 한족을 공격하면서 요새화된 도시를 공격하는 전술을 익혔다. 전쟁에서 승리한 후에는 정복지의 학자 및 왕족과 협력해 넓은 영토를 유지했다. 군대 편성이나 통치 시스템에 도움이 되는 인력이면 누구든 가리지 않고 받아들였다. 이는 정벌이라는 목표를 이루고 나서 대제국 건설이라는 목표를 또 세웠기 때문이다.

뜻하는 바를 이루었다고 해도 또 다른 꿈을 찾는 자세가 필요하다. 어느 정도 지식이 쌓였다고, 이루었다고 생각해 그 자리에 안주하는 사람이 많다. 현재 만족스런 자리가 가장 편안하고 안전하다 여기기 때문이다. 하지만 현상을 유지하려는 태도보다는 끊임없이 배우며 성장하려는 태도가 바람직하다.

전문직에 종사하는 사람일수록 기본적인 일은 알려줘도 핵심적인 일은 알려주지 않는다. 분명 자신만의 노하우나 효율적인 문제해결 방법이 있는데도 알려주지 않는다. 자신만 알고 있어야 현재 상태를 유지할 수 있는 무기일 수 있다고 생각하기 때문이다. 그저 경험이 쌓이면 자연스레 습득하게 되는 지식을 자신의 밥그릇이라고 생각하는 것이다.

시간이 지나면서 자연스레 지식을 습득하는 것은 성장이라 할 수 없다. 진정 변하고 싶다면 배움의 자세를 취해야 한다. 성공한 사람뿐 아니라 패배한 사람에게서도, 좋아하는 사람뿐 아니라 싫어하는 사람에게서도, 심지어 적이라고 생각하는 사람에게서도 배워야 한다. 배움을 멈추지 않기는 쉽지 않다. 하지만 지속적인 성장 없이는 원하는 바를 얻을 수 없다. 배우지 않으면 제자리걸음이 아니라 도태되는 세상이다.

'공부하라'는 메시지를 담은 책은 쉽게 볼 수 있다. 10대뿐 아니라 20대, 30대, 40대를 대상으로 '공부법'을 알려주는 책이 많다. 심지어 죽을 때까지 배움을 멈추지 말라는 책도 있다. 사회가 공부를 부추기는 것 같아 씁쓸하지만 성장을 위해선 배움이 필요한 게 사실이다.

학교를 졸업하고 직장생활을 하면 지긋지긋한 공부와 이별일 줄 알았지만 공부는 계속된다. 지금 하고 있는 일에 대해 대부분의 지식을 습득할 때쯤 또 다른 일들이 기다리고 있기 때문이다. 인생에 배움은 절대 끝이 없다. 배움을 기피하고 현재 자리에 머무르려는 순간 도태될 것이다.

특히 성공을 원한다면 자신에 대해 먼저 알아야 한다. 내가 가지고 있는 생활 패턴과 행동을 알아야 하는 것이다. 생활 패턴과 행동으로 자신의 강점과 약점을 확실히 파악할 수 있으면 이에 대한 대비로 좋지 않은 상황을 만들지 않게 된다. 당신의 강점은 무엇인가? 그리고 약점은 무엇인가? 강점을 키워나갈 방법과 약점을 보완하는 방법을 알기 위해서는 기피하는 것이 아닌 배움의 자세가 가장 중요하다.

세상에서 가장 공평한 것은
내게 주어진 시간

신은 용기 있는 자를 결코 버리지 않는다.
- 켄러 -

아무것도 하지 않으며 하루하루를 살아가는 사람이
수두룩한데 언제나 맞서 싸울 준비가
되어 있는 자를 버릴 수 있는가.

후회 없는 삶은 가능할까? 아무리 멋지고 현명한 사람으로 바뀐다고 하더라도 후회 없는 삶을 살 수는 없다. 후회를 통해 삶을 성찰할 수 있고 당장의 후회로 마음을 다잡을 수도 있기 때문이다. 다만 훗날 되새김질하며 후회할 일이 없기를 바란다.

더 나은 삶을 위해서는 후회 속에 감춰진 가치를 찾고 후회할 일을 줄여나가야 한다. 성공으로 갈 수 있는 완벽한 방법은 없다. 저마다 자신에게 맞는 방법이 다르며 혹여 같은 방법이라도 어떻게 활용하느냐에 따라 결과는 달라진다.

나 자신을 파악하고 그에 맞게 계획을 수정해야 한다. 우선 자신의 현 위치를 알자. 지금 당신 앞에 놓인 현실이 억울하다는 생각, 평등하지 않은 세상 속 피해자라는 생각은 버려야 한다. 불안하고 불만족스러운 삶일지라도 후회하거나 탓하지 말고 상위 몇 퍼센트에 속해 있는 사람인지 스스로 판단해보자.

자신의 현실 파악이 끝났다면 이제 한 일을 기록해보자. 제대로 기록했다면 거기에는 순전히 자신이 한 행동만 적혀져 있을 것이다. 기록표를 천천히 훑어보면 아마 대부분 자신에게 놓여 있는 현실을 수긍하게 될 것이다.

가족이나 친구 및 주변 사람들이 내린 나의 평가와 이미지, 즉 지금 나의 현실은 모두 지금껏 내가 한 일의 결과로 이루어진 것이다. 이제 선택해야 할 때다. 계속 후회로 가득한 삶을 살 것인가? 후회를 줄여가는 삶을 살 것인가?

지금까지 후회로 얼룩져 있는 사람이 있을지도 모른다. 하지만 한 일을 기록하게 되면 이제 다를 것이다. 완벽히 후회를 차단할 수는 없지만 현저히 줄일 수는 있다. 그리고 점차 가치 있는 삶을 늘려가는 것이다. 이는 무작정 최선을 다한다거나 승리만을 위해 달려 나가는 삶이 아니다.

자신에게 주어진 시간을 가치 있게 만들어가자. 서두를 필요도 없고 초조해할 필요도 없다. 삶의 원동력으로 현재에 집중하는 데, 삶의 쉼표로 미래를 계획하는 데, 머리를 비우는 데 시간을 사용해도 좋다.

불공평한 세상 속에 믿을 수 있는 건 누구에게나 평등하게 주어지는 시간뿐이다. 수백 번 넘어지며 걸음마를 배우고 달려 나가라. 죽는 순간 걸음마를 떼지 않은 걸 후회하지 마라. 지금부터 천천히 성장해 나가라.

지금 이 순간의 할 일에 충실하라

나무를 심을 때 가장 좋을 때는 20년 전이었다.
그다음으로 좋을 때는 바로 지금이다.
- 아프리카 속담 -

핑계 대지 마라. 시작하기 늦을 때란 없다.
기다리지 마라. 시작하기 좋을 때도 없다.

어떤 일이든 마음먹고 처음 시작하는 것은 어렵다. 그래서 시작하는 것만으로도 큰 결심을 했다는 의미로 시작이 반이라는 말이 있다. 나는 사실 이 말을 믿지 않는다. 계획만 했던 것보다는 낫지만, 시작은 시작일 뿐이지 반이나 온 것이 절대 아니다.

어떤 일을 시작했다면 결과로 판단해야 한다. 결과물로 일의 진행 정도를 확인하는 것이다. 예를 들어 작가가 되기로 마음먹었다고 하자. A4용지 200장 분량의 글을 쓰는 것을 1차 목표로 잡고 내용 편집과 최종 수정을 최종 목표로 잡았다. 그리

할 일이 아닌 한 일을 기록하라

고 오늘 한 장 분량의 글을 썼다면 1%의 목표 달성도 되지 않은 것이다. 20장 분량의 글을 완성했을 때 1차 목표의 10%를 이룬 것이다.

20장 분량의 글을 쓰는 데 열흘이 걸렸을 수도 있고 한 달이 걸렸을 수도 있다. 얼마나 지났든 중도에 포기하고 싶은 마음이 굴뚝같았을 것이다. 1차 목표를 달성했더라도 2차 목표가 기다리고 있다. 최종 결과는 어떻게 될지 모른다.

목표 달성을 앞당기려면 어떻게 해야 할까? 다른 시간을 끌어다 목표를 위해 사용해야 할까? 아니면 지금처럼 천천히 조금씩 나아가야 할까?

각자 자신의 위치에 맞는 역할이 있다. 회사에서는 직급에 따라 주어진 업무와 책임감이 다르다. 직급에 맞춰 일하고 대가를 받는다. 가정에서도 마찬가지다. 한 가정의 자식으로서의 역할, 가장으로서의 역할이 있다. 지금의 역할을 충실히 행하는 것이 목표 달성을 앞당기는 가장 좋은 방법이다.

역할은 시간, 장소, 함께 있는 사람들에 의해 정해진다. 하는 일에 진척이 없고 질질 끌거나 중도에 포기하는 사람들은 대개 자신에게 맞는 역할을 충실히 이행하지 못한다. 역할의 경계가 없기 때문이다.

역할의 경계가 없는 사람은 가정에서 회사의 역할을 위해 시간을 할애하고 회사에서도 가정에서의 역할을 끌어와 처리한 다. 우선순위도 없어서 눈앞에 보이는 일을 처리하는 데 급급하 다. 해야 하는 일에 확신이 없고 집중이 흐트러져 제대로 처리 하지 못한다.

역할의 경계를 확실히 구분해야 한다. 회사에 있을 때는 업 무에 대한 생각에 집중하고, 퇴근하는 즉시 다른 역할에 충실해 야 한다. 즉 운동, 책 집필, 자격증 공부 등 지금 하는 그 일을 최 우선으로 둔다. 위치와 시간에 따라 변하는 역할을 확실히 알고 그에 맞는 일에 집중하자. 자신의 역할에 집중하는 것만으로 일 의 능률이 달라질 것이다.

행동하지 않는다면
시간이 준 기회를 놓치는 것

그 무엇도 직선으로 움직이지 않는다. 따라서 어떤 목표도
좌절과 방해를 겪지 않고 이루어지는 법은 없다.
- 앤드류 매튜스 -

각자 그릇의 크기가 다르다. 그릇의 크기를 키우는 방법은
장애물을 해치고 성장해 나가는 길밖에 없다.

어느 날 무심코 〈다큐 3일〉을 보다가 한 시민의 인터뷰에 큰 울림을 받았다.

"기차를 타고 뒤를 돌아보면 굽이져 있는데 타고 갈 때는 직진이라고밖에 생각 안 하잖아요. 저도 반듯하게 살아왔다고 생각했는데 뒤돌아보면 굽이져 있고…. 그게 인생인 거 같아요."

아무리 승승장구하는 사람의 인생 그래프라도 직선은 아닐 것이다. 정도의 차이만 있을 뿐 다들 굴곡이 있다. 누구나 오르

막과 내리막을 왔다 갔다 하며 살고 있다. 지금 어디쯤 서 있는 가? 오르막인가 내리막인가? 사실 어디에 위치해 있든, 얼마나 굴곡졌든 상관없다. 현재의 위치보다 가려고 하는 목적지가 중요하다.

지금의 현실은 마음과 다르게 잘 보이지 않는다. 자신이 걸어왔던 길과 앞으로 가고 있는 목적지를 보자. 지금 이 길이 내가 가고자 하는 길이 맞다면 지금 당신 앞에 있는 장애물이 있는 굽이졌든 더 이상 문제가 되지 않는다. 확신이 있으면 당장의 장애물도 이후 성장의 디딤돌이라 여길 수 있다.

혹시 걸어온 길이 잘못된 길이어도 상관없다. 당장 발걸음을 멈추고 다른 길로 나아가면 그만이다. 지나간 시간을 후회하는 대신 한 번의 도전이었다고 받아들이고 새로운 목표를 향해 다시 출발하면 된다. 잘못된 길로 인해 인생은 절대 망가지지도 끝장나지도 않는다. 머나먼 여정을 끝내기에는 걸어갈 날이 아직 많이 남았다.

인생의 방향을 정하고 그에 맞는 계획을 세우고 나아가는 사람은 다른 사람에 의해 좌지우지되지 않는다. 인생의 운전대를 잡고 있기 때문이다. 사냥꾼은 개로 토끼를 잡고 아첨꾼은 칭찬으로 우둔한 사람을 잡는다. 사냥꾼과 아첨꾼의 공통점

할 일이 아닌 한 일을 기록하라

은 자신이 가지고 있는 무기로 무엇인가를 계획하고 실행한다는 것이다. 계획이 없는 사람은 어떻게든 휘둘릴 수밖에 없다. 아첨꾼을 욕하지 마라. 최소한 그들은 자신의 무기를 활용할 줄 알고 실행력도 있다.

시간을 이기는 무기는 없다. 내 안의 천재성과 특별함을 찾지 마라. 우리는 대부분 평범하다. 인정할 수밖에 없는 진실이다. 시간은 천재성과 특별함과는 반대이다. 누구에게나 공평하다. 중요한 것은 시간이 주는 기회를 얼마나 활용하느냐다.

삶에 굴곡이 없을 수는 없다. 하지만 하향곡선을 상향곡선으로 바꿀 수는 있다. 인생의 그래프를 용이 비상하는 모습처럼 그리고 싶다면 굽이진 길을 인정하고 목표를 가지고 나아가자. 무슨 일을 꿈꾸든 절대 늦지 않았다. 시간이라는 무기를 가지고 계획하고 실행하자.

하고 싶은 바를 말로 내뱉는다

우리의 생각과 말과 행동이 우리를 휘감는 그물을 만든다.
- 스와미 비베카 난다 -

부정적인 생각과 말투로 그물을 만들지 마라.
긍정적인 생각과 말투로 자신의 날개를 만들어라.

나는 운명을 믿지 않는다. 그 사람의 행동, 성격, 심리적 상태를 보면 어느 정도 '그 사람의 현재'가 이해된다. 그 사람의 현재를 보면 미래도 대략 짐작이 간다. 이변이 없는 한 행동은 바뀌지 않을 테고 그러면 현재도 바뀌지 않으니 미래도 마찬가지일 거라는 생각이다. 그래서 나는 행동이 바뀌어야 운명을 바꿀 수 있다고 생각한다.

2020년 봄, 전 세계가 코로나19로 큰 변화를 맞고 있다. 그런데 생각해보면 그전부터 자연의 변화는 있었다. 언젠가부터 대한민국의 사계절이 흐릿해져서 여름과 겨울의 짧은 경계처럼 봄과 가을이 아주 잠시 스쳐 지나가버린다. 푸르른 새싹과 꽃들을 만끽할 시간도 없이 무더운 여름이 오고 단풍을 즐길 새도 없이 겨울이 찾아온다. 지구 환경 변화도 심하다. 매년 빙하는 빠르게 녹고 있으며 그로 인한 기상 이변도 많이 일어나고 있다. 이미 변화는 있었고 이를 인지하고 있었으나 크게 신경 쓰지 않았을 뿐이다.

자연현상뿐 아니라 삶에 일어난 일도 어느 정도 예측할 수 있다. 지금의 현실이 된 이유, 미래의 내 모습을 그릴 수 있다. 훗날 가난한 사람이 되어 있을까? 부자의 모습이 되어 있을까? 지금 한번 생각해보고 그 모습을 떠올린 이유를 생각해보자. 혹시 나 자신에게 너무 관대하게 굴고 있지 않은지 점검해보자.

당신의 현재는 미래의 모습이다. 현재의 모습은 씨앗이고 미래의 모습은 그 씨앗에 대한 열매일 뿐 절대 다르지 않다. 콩 심은 데 콩 나고 팥 심은 데 팥 나게 되어 있다. 혹시 현재나 미래의 모습이 불안정하고 막막한 모습이라면 어떻게 해야 할까? 무엇을 해야 할까?

일단 바라는 자신의 모습을 그려보고 그 모습이 되기 위해 무엇을 하겠다고 선언해보자. 말에는 행동을 유발하는 힘이 있다. 이를 '각인력'이라고 한다. 말을 하면 뇌에 각인되고 뇌는 척추를 지배하고 척추는 행동을 지배한다. 말이 뇌에 전달되어 행동을 이끌어내는 것이다.

가령 부자가 되고 싶다면 "나는 부자가 되겠다"라고 외쳐라. "나는 부자가 되고 싶다", "나는 부자다"보다는 "부자가 되겠다"라고 외치는 것이 효과적이다. 부자가 되고 싶다는 것은 바람일 뿐이라서 의지력이 없다. "부자다"라고 말하는 것 또한 현실과의 괴리로 뇌가 실언이라 받아들이기 쉽다. 그러므로 "부자가 되겠다"라고 반복해 선언하면 부자가 되기 위해 할 일을 생각하게 되면서 자연스레 행동력이 생긴다.

선언을 할 때에는 비교하지 말아야 한다. 가령 각자 생각하는 부자에 대한 기준은 다르다. 10억 원이 기준일 수도 있고, 100억 원이 기준일 수도 있고, 돈이 기준이 아닐 수도 있다. 각자 생각하는 기준이 다르므로 다른 사람과 비교하기보다 자신의 기준을 따라 선언해야 한다. 그리고 선언과 함께 실현 계획도 구체화되어야 한다.

가끔 선언을 부끄러워하는 사람들이 있다. 남들 앞에서 소리쳐 외치라는 것도 아니고 나 자신에게 선언하라는 것인데도 부끄러워한다. 선언하느니 차라리 계획을 세우고 행동하는 데

할 일이 아닌 한 일을 기록하라

더 집중하겠다는 사람도 있다. 자신에게조차 제대로 선언할 줄
모르는데 다른 일은 어떻게 달성할 수 있을까? 이루고 싶은 바
가 있다면 선언하자.

2장

지금,
여기서,
내가 원하는 것

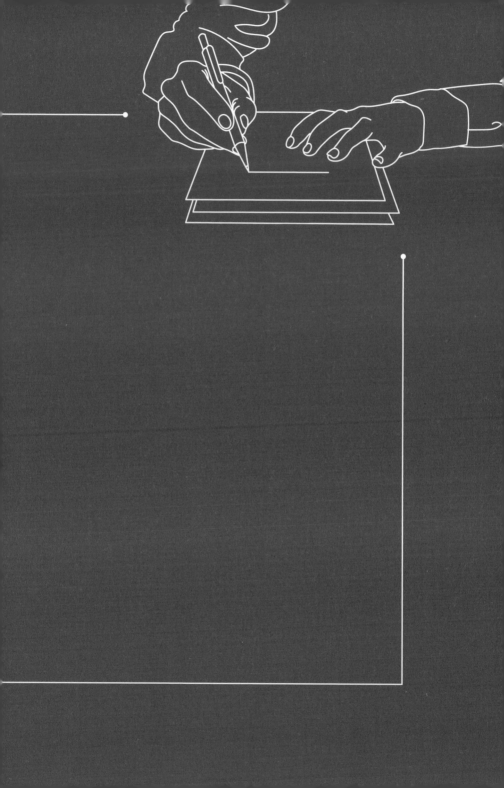

행동 변화와 내면 성장이
동시에 이루어졌을 때

평온한 바다는 결코 유능한 뱃사공을 만들 수 없다.
- 영국 속담 -

성장에는 많은 고통이 따르고 이를 이겨내야 성장한다.
이제 당신의 선택만이 남았다. 유능한 뱃사공이 될 것인가?
평범한 뱃사공이 될 것인가?

어떠한 행동으로 나 자신에게 성장이나 변화가 없다면 그동안의 노력과 시간은 무의미할 수 있다. 내면 변화가 있을 때 행동 변화는 진정한 가치를 얻기 때문이다.

자격증 공부, 하루 10분 명상, 벤치프레스 100kg 들기, 새벽 기상 등은 분명 칭찬할 만한 일이다. 하지만 그 행동이 자신을 변화시키지 못했다면 언제든 정체된 자신으로 돌아갈 수밖에 없다.

현재보다 더 나은 삶을 살아가기 위함이 행동습관을 바꾸려는 목적이다. 그러므로 조금씩 나아지고 있음을, 성장하고 있음을 느끼지 못한다면 다른 방법을 모색해야 한다. 변화하려고 하는 진짜 이유를 명확히 알아야 한다. 그 이유의 끝에 원하는 행복이 있다.

각자 행복의 기준은 다르다. 돈을 중요하게 생각할 수도 있고 명예를 중요시할 수도 있다. 혹은 가족의 화합과 사랑을 중요하게 생각할 수도 있다. 무엇을 꿈꾸든 최종 목표는 행복과 연결되어 있다. 그러니 원하는 행복이 무엇인지 잊지 말아야 한다. 목표와 계획에 집중한 나머지 당신이 가장 얻고 싶어 하는 행복을 놓치지 말라는 얘기다.

나의 행복이 무엇인지 확인함으로써 과거와 현재를 다시 한번 확인할 수 있다. 자신의 계획이 올바른 방향을 향해 가고 있는지, 이 계획에 달성과 함께 얻고자 하는 것을 얻을 수 있는지 확인할 수 있다. 자신의 행동에 의한 성과를 확인하고 평가하는 순간 무슨 문제가 있는지, 그 원인은 무엇인지 자신에게서 찾을 수 있다.

지금 위치에서 이루기 힘든 행복을 원할 것이다. 지금의 조건에서 언제든 가질 수 있다면 그것을 굳이 행복의 기준으로 삼지 않았을 테니 말이다. 꿈과 목표는 지금의 현실에서 벗어나고자 계획한 일이다. 지금의 환경과 조건을 인정하고 자신의 행동을 점검하는 것이 다른 길로 빠지지 않고 원하는 것을 얻을 수 있는 방법이다.

타협한 꿈을
진짜 꿈이라 할 수 있을까

안전하고 싶은 욕망은 모든 훌륭하고
고귀한 모험에 방해가 된다.
- 타키투스 -

안정은 타협과 같다. 그것도 아주 불리한 타협이다.
굳이 타협을 통해 살아가야 할 만큼 삶에 자신이 없는가?

혹시 꿈을 정하기 전부터 '내가 할 수 있을까?' 하고 가능성
을 따져보진 않았는가? 불확실하면 바로 포기하고 다른 꿈을 꾸
진 않았는가? 행동하기도 전에, 아니 계획도 세우기 전에 포기
하진 않았는가? 대부분의 사람이 확신이 들면 그제야 계획을 세
우고 실행에 옮긴다.

그런데 할 수 있고 없고의 문제를 먼저 따지는 꿈은 진짜 꿈
이 아니다. 현실에 굴복하고 불리하게 맺은 타협이다. 타협한
꿈은 성공 확률이 낮다. 목표로 가는 여정에서 곧 마주하게 될

할 일이 아닌 한 일을 기록하라

장애물과도 타협할 것이 분명하기 때문이다.

지금껏 꿈을 이루는 데 실패한 이유는 처음부터 확실성과 불확실성 앞에서 꿈을 저울질했기 때문이다. 가능 여부를 예상하는 순간 그 꿈은 포기를 위한 꿈이 된다.

진정한 꿈을 위해 다음의 질문을 기억하자.

1. 내가 진짜 원하는 게 무엇인가 ?
2. 내가 진짜 이루고 싶은 것은 무엇인가?
3. 왜 이것을 하고 싶은가?
4. 내가 원하는 것을 위해 이것을 꼭 해야 하나?
5. 더 나은 것은 없나?

진짜 꿈을 찾기 위한 질문에 답이 나왔다면 이제 계획하고 천천히 나아가라. 미처 생각 못한 장애물이 나타날 수도 있고, 예상보다 계획 달성에 오랜 시간이 걸려 고통스러울 수 있다. 스트레스가 쌓이면 하던 일을 잠시 내려놓고 휴식을 취하라. 6개월을 계획했던 일이 1년으로 늘어날 것 같다고 해서 포기하지 마라. 천천히 나아가다 보면 진정으로 원했던 꿈 근처에 도달해 있을 것이다.

내가 바라는 꿈이 현실적으로 맞지 않는다고 스스로를 낮추고 포기하지 말자. 남들이 아무리 비웃어도 상관하지 마라. 내가 할 수 있는지 없는지는 나만 알 수 있다. 비웃는 사람들을 같이 비웃고 힘이 되어주는 사람들에게 고맙다는 인사를 전하며 앞으로 나아가자. 다섯 가지 질문을 통해 나온 답이 진정한 꿈이다. 안정과 타협해버린다면 그 꿈은 1년 후, 10년 후, 이 생의 마지막 날까지도 마음속에 꿈으로만 남아 있을 것이다. 그러니 부디 타협하지 말고 진정한 꿈을 향해 천천히 밀고 나가라. 시간은 많다.

포기하지 않는다면
이룰 수밖에 없다

인생에서 실패한 사람 중 다수는
성공을 목전에 두고도 모른 채 포기한 이들이다.
- 토마스 A. 에디슨 -

인생에 성공한 사람은 실패를 두려워하지 않고 편견에 맞서며
확고한 의지로 끝까지 행동했다.

목표를 설정하고 달성하기 위해 노력한다. 목표란 행동하여 이루려는 최후의 대상이다. 달성하기 어려울지라도 불가능하지는 않은 무언가가 바로 목표다. 그렇다면 노력하지 않고 달성할 수 있는 목표는 목표가 아닐까? 쉽게 달성했더라도 성취감이 있고 성장이 함께한다면 그것도 목표다.

목표를 세우고 달성하기 위한 과정에서 인생의 보람을 느끼고 성장하며 조금씩 자신의 꿈과 가까워진다. 미국의 야구선수 요기베리는 "끝날 때까지 끝난 게 아니다"라는 말을 했다. 야구

는 9회 말 2아웃부터라는 말이 있듯이 끝까지 결과를 보지 않으면 어떻게 될지 모르니 절대 포기하지 말라는 의미다. 목표 달성을 위한 가장 단순하고 유일한 방법은 그 목표를 스스로 포기하지 않는 것이다.

한편 목표 중에는 달성해도 성장까지는 이르지 못하는 목표도 있다. 루 홀츠 감독은 미국 풋볼 코치이자 기상캐스터로 활동하고 있다. 그는 미국 대학 풋볼 코치 중 유일하게 6개의 다른 팀을 포스트 시즌까지 데려갔으며 4개의 다른 팀을 탑 20위 랭킹까지 올려놓았다. 다음은 그의 연설문 중 일부다.

"제가 후회했던 일을 말씀드리겠습니다. 노트르담 대학을 코치하고 있을 때 밑바닥에 있는 팀을 꼭대기에 올려놓았죠. 그리고 9년 내내 매년 1월 1일 최고의 팀 경기에 초청되었습니다. 그 후로도 아무도 못 해낸 일입니다. 우리는 최고에 올라왔고 그걸 유지하려 했죠. 제가 살면서 가장 후회했던 일입니다. 인생에는 한 가지 규칙이 있습니다. 만물은 성장하거나 죽어간다는 겁니다. 나무도 자라지 않으면 죽어가죠. 풀도 그렇고, 결혼 생활도 그렇고, 비즈니스도 그렇고, 사람도 그러합니다. 나이에 연관시키려 하지 마세요. 전 생일 케이크보다 초를 사는 데 더 많은 돈이 듭니다. 더 나아지려는 나의 노력과 관련이 있는 것

할 일이 아닌 한 일을 기록하라

입니다."

루 홀츠 감독 말대로 모든 것은 성장하거나 죽어간다. 현재 가지고 있는 목표를 표면적으로만 보면 자신의 성장을 위한 목표라고 생각할 수 있다. 하지만 그 내막을 자세히 들여다보면 지금의 상태를 유지하기 위한 목표인 경우가 많다. 예를 들어 직장에서 원하는 자격을 갖추기 위해 세운 목표, 지각을 하지 않기 위해 억지로 일찍 일어나는 행동 등이다. 이는 그저 지금의 위치에서 낙오되지 않고자 하는 것뿐이다. 현실을 유지하기 위한 노력은 성장으로 이어지지 않으므로 루 홀츠 감독의 표현을 빌리자면 죽어가는 것이다. 지금의 목표가 현재를 유지하기 위한 목표는 아닌지 재점검해보기 바란다.

목표가 명확할수록
달성 확률이 높다

꿈을 날짜와 함께 적어놓으면 그것은 목표가 되고,
목표를 잘게 나누면 그것은 계획이 되며,
계획을 실행에 옮기면 꿈은 실현된다.
- 그레그 S. 레잇 -

사람들은 계획을 세우는 데 실패할 뿐이다.

자아 강도 소모로 자아 고갈 현상이 일어나면 일과가 끝나는 저녁 즈음에는 쉬운 선택을 하게 된다. 자아 강도가 소모되면 늦은 저녁뿐만 아니라 언제든 결정을 방해할 우려가 있다.

식료품점 무료시식 코너에 어떤 날은 6개의 잼을 진열하고 또 어떤 날에는 24가지 잼을 진열했다. 그 결과 24개의 잼이 진열됐을 때 더 많은 손님이 잼을 시식했다. 최종 구매율은 24가지 잼이 진열되어 있을 때보다 6가지 잼이 진열되었을 때 더 높았다. 그것도 무려 10배나 말이다. 과도한 선택지를 앞에 두었

할 일이 아닌 한 일을 기록하라

을 때 자아 강도 소모와 동시에 결정장애가 생기기 때문이다.

목표를 설정할 때도 이런 성향을 염두에 두어야 한다. 목표가 명확하지 않으면 취해야 할 행동이 흐려져 자칫 행동을 멈춰버릴 수 있다. 예를 들어 다이어트라는 목표 달성을 위한 방법은 다양하다. 운동하거나 적게 먹거나 탄수화물이나 지방이 많은 음식을 섭취하지 않는 것 등 여러 방법이 존재한다. 여기서 목표를 막연히 다이어트로 잡으면 행동에 너무 많은 제약과 선택이 생기게 된다. 그러면 행동을 망설이게 될 뿐만 아니라 목표를 포기하게 하는 핑계를 쥐어주게 된다.

그렇다면 "다른 것은 몰라도 다이어트를 위해 꾸준히 운동을 하겠다"라는 목표는 명확한 목표일까? 이 또한 선택지가 많다. '언제, 몇 시간을(하루) 언제까지(최종 기간) 어디서 할 것인지' 같은 명확한 선택지가 필요하다. "다가올 여름을 위해 5월까지 저녁 스피닝 1시간으로 10kg 감량을 하겠다"라고 명확하게 목표를 세우면 집중도가 높아질 것이다. 명확한 목표가 있으면 식이요법이나 금식 등의 다른 다이어트 방법은 추가사항일 뿐이다. 달콤한 간식, 인스턴트 음식, 야식을 먹었다고 해서 목표 달성을 실패한 요인으로 인식하지 않는다.

이유에 맞는 목표를 설정하고 이때 언제나 확인 가능한 수

치가 있어야 한다. 달성 확률이 흐릿한 목표는 작은 선택에도 큰 의미를 부여하게 만들고 그 선택의 아쉬움으로 최종 목표를 포기하게 만든다. 명확하고 뚜렷한 목표여야 행동에 힘이 실리고 작은 요소에도 흔들리지 않는 꾸준함이 생긴다.

할 일이 아닌 한 일을 기록하라

목표에 없어서는 안 되는 것, 신념

남의 힘을 바라지 말고 당신의 신념을 믿어라.
굳은 신념이 당신의 새로운 성공을 보장해줄 것이다.
- 노만 V. 필 -

사람들이 어떻게 평가하든 그저 하고 싶은
본래의 일을 하라. 그러면 그들과 함께 성장할 것이다.

저마다 꿈을 위해 달려 나가지만 무릇 꿈은 천천히 이루어
지는 법이다. 꿈과 목표는 씨앗이다. 씨앗을 뿌리고 나서 바로
열매를 얻으려는 것은 지나친 이기심이다. 설사 그렇게 열매를
얻는다고 해도 그 맛은 절대 달지 않다.

어린이집이나 유치원은 나이에 따라 반 이름이 다르다. 보
통 제일 어린아이들은 새싹반 그다음은 꽃잎반 그리고 마지막
이 열매반이다. 새싹반에서 꽃잎반을 거쳐야 열매반에 들어갈
수 있다.

꿈이 무엇이든 달성까지는 순서가 있다. 결과에 이르는 순서를 단순히 나열하면 '생각→행동→결과'다. 하지만 이것 말고도 해야 할 것이 있다. 씨를 뿌리고 새싹을 맺고 열매를 만드는 것보다 중요한 것, 바로 뿌리다. 뿌리가 제대로 내려야 물과 영양분을 흡수해 새싹과 열매를 얻을 수 있다. 우선 땅속에 뿌리를 확실히 내리고 단단하게 자리 잡도록 관리해야 한다. 뿌리가 제대로 박히지 않는 씨앗은 비바람에 쉽게 흔들리며 변화하는 환경에 쉽게 썩게 되어 있다.

꿈과 목표가 씨앗이라면 뿌리는 신념이다. 신념이 얕으면 갈팡질팡하다 결국 정착하지 못한다. 신념의 사전적 의미는 굳게 믿는 마음이며 심리적 의미는 어떤 사상(事象), 명제(命題), 언설(言說) 등을 진실한 것으로서 승인하고 수용하는 심적(心的) 태도다.

행동에는 언제나 이유가 있다. 이유가 명확하지 않은 행동은 쉽게 흔들린다. 새해를 맞아 사람들은 다이어트, 독서, 운동, 금연 등 변화의 씨앗을 뿌린다. 그러나 대개 싹을 맺기도 전에 사라진다. 행동의 이유가 명확하지 않아서다. 행동의 이유가 바로 신념이다.

내 신념은 '주변 사람의 행복'이다. 평생 함께할 사람이든 잠깐 스치는 인연이든 상관없이 모두 행복하길 바란다. 이런 신념을 갖게 된 것은 내가 행복하지 않아서였다. 나는 행복해지고 싶었고 내가 한 일을 기록하면 나뿐 아니라 주변 사람이 모두 행복해질 수 있다고 생각했다.

신념으로써 세운 목표가 애플리케이션 개발과 책 쓰기였다. 시간의 소중함을 책으로 알려 기회를 놓치지 않기를 바랐고, 시간을 편리하게 관리할 수 있는 도구로서 애플리케이션을 제공하고 싶었다.

내가 시간관리 애플리케이션 타임카이를 내고 싶다고 말했을 때만 해도 주변 사람들은 수익 내기도 어려운 것을 뭣 하러 만드느냐며 시큰둥하게 반응했다. 그 돈으로 차라리 맛있는 것을 사먹으라는 말까지 들었다. 부정적인 반응에 책을 쓰고 있다는 말은 꺼내지도 못했다.

그래도 나는 뿌리를 단단히 내리고 새싹과 꽃잎을 피웠으며 결국 열매를 얻었다. 굳은 신념이 아니었다면 절대 이룰 수 없었으리라. 무엇을 원하든 그 안에 굳은 신념이 함께해야 한다. 신념이 포기하지 않고 지속할 수 있는 명분이 될 것이다.

자기반성이 없는 실패 분석은
핑계 찾기일 뿐

어제는 어젯밤에 끝났다. 오늘은 새로운 시작이다.
과거를 잊는 기술을 배워라. 그리고 앞으로 나아가라.
- 노먼 V. 필 -

같은 실수를 반복하지 않기 위해서가 아니라면
어제는 잊고 내일의 기쁜 일을 맞이하는 것이 낫다.

    실패할 게 명백해지면 핑계를 찾게 된다. "계획대로만 움직였으면 가능했는데…", "이번에는 생각지 못한 변수가 너무 많았어", "일에 비해 주어진 시간이 턱없이 부족했어", "처음이라 준비가 부족했어" 하고 말이다. 어떤 일이었든 누구와 함께했든 목적을 달성하지 못했을 때 자연스레 책임을 외부로 돌리는 사람이 있다. 책임을 회피해서 조금이나마 마음의 위안을 얻을 수 있을지는 모르지만 자신의 성장에는 전혀 도움이 되지 않는다.

    그런데 실패할 때마다 외부의 잘못을 끄집어내 물고 늘어지며 그것을 중점적으로 탓하고, 반대로 성공할 땐 자신이 잘했던 일을 찾는 사람이 많다. 성공했을 때 나오는 자기만족은 해가 되지 않지만 실패했을 때 대는 핑계는 다르다.

실패 속에서 핑계가 습관으로 자리 잡는다면 어떤 일이든 성공 여부와는 별개로 시작도 하기 전에 미리 핑곗거리를 찾을 지도 모른다. 성장은 멈추고 핑계만이 가득한 삶을 살아가게 되는 것이다.

결과에 대해 이야기할 때 핑계를 대지 말라는 말을 하면 발끈하며 자신이 하는 얘기는 핑계가 아니라고 열변을 토하는 사람도 있다. 그리고 그것을 증명하려고 필요치 않은 말을 섞어가며 자신을 대변하기 바쁘다.

하지만 스스로에게 하는 반성이 아니라면 핑계는 핑계일 뿐이다. 자신이 어떻게 생각하든 제3의 입장에서는 핑계에 불가하다. 자신이 아는 사람에게 동정을 구하고 위로받고자 이야기하는 것은 상관없지만 자기반성이 없다면 그것은 분명 핑계다.

결과는 바뀌지 않는다. 성공하고자 한다면 핑계를 댈 시간에 계획을 세우고 행동하라. 핑계는 성장을 방해하고 자신을 휘감는 그물을 만들 뿐이다. 당장 없애지 않으면 자신이 만든 '핑계 그물'에 휘말려 옴짝달싹못하는 날을 맞이하게 될 것이다.

언제나 답은 나에게 있다

자연은 공평하게 재능을 나누어 주었다.
모든 차이는 교육과 환경에서 오는 것이다.
- 필립 체스터필드 -

지금 원하는 것이 지금 환경에서
진짜 불가능한 일일까?

나는 전기 관련 불편사항이나 설비 문제를 해결해주는 일을 하고 있다. 신입 때 한 선배는 내게 "현장에 답이 있다"라는 말을 해줬다. 어떤 문제가 발생했을 때 현장에 가보지 않고서는 정확한 원인을 알 수 없다는 의미다. 지금까지도 도움이 되는 말이다.

신고가 접수되면 다른 선배들은 고장 알람이나 현상만을 듣고 문제를 진단해 지시를 내렸다. 그러다 보니 자주 발생하는 문제를 제외하고는 진단이 틀린 적이 많았다. 그런데 그 선배는 문제가 발생하면 현장을 직접 방문해 문제점을 파악해 보수계획을

할 일이 아닌 한 일을 기록하라

세웠다. 현장 파악이야말로 문제점 해결의 핵심이다. 현장을 직접 가지 않으면 처리할 수 없는 문제가 대부분이기 때문이다.

현장 확인은 일상생활에서도, 삶의 변화를 모색하고 행동하는 데에도 도움이 된다. 대부분의 사람은 자신의 문제를 정확하게 알지 못한다. 원인을 자신이 아닌 외부요소로 돌리고 해결하려 한다. 외부적인 요소보다 내부적인 요소에 집중해야 한다. 외부적인 요소는 쉽게 바꿀 수 없기 때문이다.

문제를 정확하게 인지하기 위해서는 능동적인 질문이 필요하다. 자기 자신에게 질문을 던짐으로써 문제점을 정확히 확인하는 것이다. 그러면 행복, 열정, 헌신, 도전과 같은 근본적인 자기 욕구에 대해 자신이 어떻게 행동하고 대처했는지 알 수 있다.

또한 질문에 평가해봄으로써 외부 환경을 탓하지 않게 된다. 예를 들어 '내가 행복하지 못한 건 넘쳐나는 회사 업무 때문이야', '내가 진급하지 못한 건 상사가 진정한 나의 가치를 보지 못했기 때문이야'라고 외부의 잘못으로 돌리던 것을, 스스로에게 질문을 하게 되면 근본적인 원인이 나 자신에게 있음을 알게 된다. 이후에는 자연스레 어떻게 바꿀지 계획하게 될 것이다.

언제나 지속 가능한 변화를 꿈꿔야 한다. 단기간의 변화는 예전의 자신으로 돌아가기 쉽다. 꾸준히 자신의 문제점을 파악하고 해결해 나가는 순간 올바르고 꾸준히 변화할 수 있다.

아래는 능동적인 질문의 예다. 참고하여 나 자신을 파악해 보자.

1. 나는 명확한 목표를 세우기 위해 최선을 다했는가?
2. 나는 목표를 향해 전진하는 데 최선을 다했는가?
3. 나는 의미를 찾기 위해 최선을 다했는가?
4. 나는 행복하기 위해 최선을 다했는가?
5. 나는 긍정적인 인간관계를 맺기 위해 최선을 다했는가?
6. 나는 완벽히 몰입하기 위해 최선을 다했는가?

나는 여섯 가지 질문 중 세 가지를 골라 매일 밤 자문한다. 질문에 대한 답을 할 때마다 반성하는 동시에 성장한다. 부디 스스로 질문하고 답변해보며 지속적인 변화를 이루어 나가길 바란다.

할 일이 아닌 한 일을 기록하라

목표보다 과한 노력은 오히려
실패 요인이 된다

성공으로 가는 엘리베이터는 고장이다.
당신은 계단을 이용해야 한다. 한 계단 한 계단씩….
- 조 지라드 -

성공으로 가는 엘리베이터는 분명 존재한다.
다만 평범한 우리에게 허락되지 않을 뿐이다.

목표에 도전정신, 집념, 열정, 인내, 의지 같은 감정을 지나치게 부여해 스스로를 힘든 상황에 몰아넣지 말자. 무언가를 해내기 위해 도전정신, 집념, 열정, 인내, 의지 같은 감정을 극대화해야 한다고 많은 사람이 입을 모아 말한다. 그래야 당신이 원하는 것은 얻을 수 있다고 말이다. 정말 그럴까?

만약 무언가로 세계 최고나 국내 최정상의 위치에 서겠다는 마음가짐이라면, 그럴 능력까지 갖추어져 있다면 불타오르는 열정과 포기하지 않겠다는 의지는 목표 달성에 중요한 요인이다.

하지만 독서, 운동, 글쓰기, 금연, 다이어트 등을 이뤘다고 해서 세계 최고나 국내 최정상이 되지는 않는다. 이루지 못해도 크게 아쉬울 것 없는데 어떻게 불같은 의지를 불태우며 앞으로 나갈 수 있겠는가. 게다가 이 정도의 목표에 모 아니면 도라는 마음가짐으로 임해서는 결코 결과가 좋지 않다.

2012년 런던올림픽 레슬링 금메달리스트 김현우 선수는 "나보다 흘린 땀이 많다면 언제든 이 메달을 가져가도 좋다"라고 했다. 자신이 원하는 것을 얻기 위해 누구보다 노력했다는 의미다. 단 한 명만 획득할 수 있는 금메달처럼 달성 난이도가 높은 게 아니라면 아주 대단한 노력은 필요치 않다.

넘치는 열정과 의지가 있다면 못할 게 없다. 그런데 작은 목표조차 달성하지 못하는 걸까? 그 원인 중 하나가 바로 과잉 감정이다. 발걸음을 멈추게 하는 것은 앞에 보이는 높은 산이 아니라 신발에 들어 있는 작은 모래알이다. 굳이 그 산을 가장 빨리 오를 필요도 없으며 자꾸 신경 쓰이는 모래알을 무시할 필요도 없다. 천천히 장애물을 제거하고 앞으로 나간다면 의외로 빨리 정상에 올라 있을 것이다.

영화 〈타짜〉에 "한 끗이 장땡 이길 때도 있는 겁니다"라는 대사가 나온다. 장땡을 잡겠다는 생각은 버리고, 나 자신을 파악한 후 그에 맞는 행동을 취해 목표를 이뤄나가자. 1에서 10까지의 숫자 중에 자신의 위치가 4에 속한다면 4에 맞는 계획을 설정하는 것이다. 그리고 열정, 의지, 자신의 시간, 행동도 모두 4에 맞게 설정하고 행동해야 한다.

실패를 인정했을 때
비로소 가치가 있다

실패는 끝이 아니라 다시 시작할 수 있는 기회다.
도전을 포기하지 않는 한 당신은 결코 패배자가 아니다.
- 지그 지글러 -

실패를 해도 괜찮다. 넘어지면 일어나면 되니까.
모든 실패는 결국 당신의 자산이 될 것이다.

　

살면서 누구나 크고 작은 실패를 겪는다. 아무것도 하지 않았기에 실패할 일이 없다고 말하는 사람들은 자신의 인생 자체를 실패로 물들이고 있는 것과 같다. 실패는 다른 누군가가 아닌 본인의 잘못으로 빚어낸 것이다. 실패로 인해 힘들어할 틈 없이 더 고약한 일이 다가오고 그 소식은 성공보다 빠르게 퍼져간다.

여기서 상황을 더 악화시킬 것인지, 실패를 성공의 발판으로 삼을 것인지가 중요하다. 포기하는 순간 스트레스도 고단함

할 일이 아닌 한 일을 기록하라

도 사라진다. 예전처럼 현실과 타협한 채 남들과 같은 길을 걸어가면 된다. 그 길은 지금까지 해오던 일이기에 어려운 일이 아니다.

하지만 인생은 한 번의 실패로 결승행을 놓치는 단판승부가 아니다. 우승팀 중 어느 한 팀도 패배 없이 모든 성적을 승리로 만든 팀은 없다. 패배가 짙은 경기에서 감독은 이길 수 있다고 거짓말을 하지 않는다. 아무리 이길 수 있다고 말해도 선수들 자체가 믿지 않기 때문이다. 자신의 위치에서 최선을 다하고 팀을 위해 헌신할 때 그 팀은 승리를 거둘 확률이 높다.

실패 속에서 자신만의 꿈을 잃지 않고 성공한 사람이 이 세상에는 셀 수 없이 많다. 실패를 자신의 잘못으로 인정하고 다음을 기약해 나가야 한다. 실패를 회피하고 떠넘기려고 할수록 실패로 인해 얻을 수 있는 가치는 얻지 못한다. 실패를 두려워하는 순간 가치 없는 실패만 남을 뿐이다.

내게 주어진 시간을
인지하고 행동했을 때

수많은 광물이 묻힌 광산처럼
인간의 얼굴엔 모든 것이 묻혀 있다.
- 다니엘 맥닌 -

인생의 희로애락 중에 당신은 어떤 모습인가?
목표를 설정하면 조금 더 나은 방향으로 모습이 바뀔 것이다.

    지금까지 목표를 위해 무엇을 해왔는지 생각해보고 글로 적
어보라. 목표를 위해 아무런 노력도 하지 않으면서 결과만을 얻
고자 하지는 않았는가. 그것은 로또 1등 당첨과 같은 막연한 소
망이다. 로또 1등 당첨 확률은 800만 분의 1이다. 아무런 노력
없이 목표가 이루어질 확률도 못지않게 낮을 것이다. 과연 제대
로 목표를 위해 살았다 할 수 있을까.

    목표 달성 전까지는 어떠한 보상이나 대가가 존재하지 않
는다. 그 길의 여정 또한 마찬가지다. 결실을 맺기 위해 땀을 흘

리는 시간은 끝이 보이지 않고 고단함의 연속이다. 열매는 분명 달콤한 걸 알지만 대가 없는 여정이 언제까지 이어질지 가늠조차 할 수 없다. 그래서 결실은 맺기 어렵다.

이와 관련하여 4~5세 아이들을 대상으로 한 실험이 있다. 선생님이 아이를 한 명씩 방으로 데리고 들어가서 마시멜로 하나가 놓여 있는 접시를 보여주며 언제든 먹어도 되지만 선생님이 나갔다 다시 돌아올 때까지 안 먹고 기다리면 하나를 더 주겠다고 약속하고 나간다. 그 후 15분 뒤에 선생님이 돌아와 결과를 관찰한다.

이 실험에서 선생님이 나가자마자 바로 먹은 아이들도 있지만 15분을 참은 아이도 있었다. 그리고 실험에 참가한 아이들의 15년 후를 조사했는데 15분간 참았던 아이들이 다른 아이들보다 대인관계 및 학업성적이 좋았으며 대학입학시험 SAT에서도 높은 성적을 받았다. 이 실험은 참을성이 강한 아이일수록 지능이 높다는 결과를 보여준다.

하지만 이 실험 결과의 신빙성이 의심된다는 주장이 제기되었다. 마시멜로를 2개 먹은 아이들은 유복한 가정이었고 1개만 먹은 아이들은 가난한 집 아이들이었다는 것이다. 즉 아이들의 두뇌에 영향을 끼치는 것은 참을성이 아니라 환경이라는 주장이다.

이를 뒷받침해주는 실험이 또 하나 있다. 미국 로체스터 대학에서 실시한 것으로 마시멜로 실험에 하나의 상황을 더 추가한 실험이다. 아이들에게 조금만 기다리면 그림을 그릴 색종이와 찰흙을 주겠다고 해놓고 반은 색종이와 찰흙을 가져다주고 나머지 절반의 아이들에게는 제공하지 않았다. 그 후 마시멜로 실험을 진행했다.

그 결과 약속대로 색종이와 찰흙을 제공받은 아이들은 평균 12분을 기다렸지만, 나머지 아이들은 평균 3분만 기다렸다. 이 실험은 아이들은 타고난 기질이 아닌 환경에 영향을 받는다는 결과를 보여준다.

마시멜로의 실험처럼 환경은 행동 결정에 중요한 역할을 한다. 지금 놓여 있는 환경을 당장 바꿀 수는 없다. 환경이 아닌 자기 자신을 먼저 바꿔나가야 한다. 성공 횟수가 실패 횟수보다 많아졌을 때 지속적인 성장을 할 수 있다. 목표에 대한 여정은 힘들고 고되다. 그럼에도 긍정적인 마음가짐을 가지기 위해서는 확신이 뚜렷해야 한다.

관건은 시간을 인지하는 것이다. 시간이 없다고 생각한 채로 무언가를 하려고 하면 조바심만 커지고 계획 실행은 하지도 못한다. 그러면 가뜩이나 부족한 시간에 해야 할 일을 못했다는

할 일이 아닌 한 일을 기록하라

생각으로 더 큰 늪에 빠지게 된다. 반면 시간을 인지하고 있으면 계획을 다시 한 번 점검하고 혹여 실패하더라도 딛고 나아갈 수 있다.

옳고 뚜렷한 꿈을
원동력으로 행동하라

> 결정의 순간이 왔을 때 최선은 옳은 일을 하는 것이고, 차선은
> 틀린 일을 하는 것이다. 최악은 아무것도 하지 않는 것이다.
> - 시어도어 루스벨트 -
>
> 당신이 저지를 수 있는 최악의 행동은 목표를 빗맞히는 게
> 아니라 목표를 향해 행동하지 않는 것이다.

인생은 눈 깜짝할 사이에 승부가 결정 나는 단거리 경주라기보다 42.195km를 완주하는 마라톤에 가깝다. 가령 마흔이라고 하면 아직 인생의 절반을 달리고 있는 셈이다. 아직 늦지 않았다는 말이다. 작은 일이라도 좋으니 어제보다 나은 내일을 만들어보자.

어떤 일을 할 때 목적, 즉 지금보다 더 나아지기 위한 이유가 있어야 한다. 성장이라는 목적이 없다면 그 행동은 제자리걸음에 불과하다. 오늘부터라도 자신의 행동에 가슴 뛰는 의미를 부

할 일이 아닌 한 일을 기록하라

여하자.

정성기 씨는 '스머프할배'라는 닉네임으로 65세의 나이에 파워 블러거가 되었다. 그는 매일 자신의 요리를 블로그에 올렸다. 게시글 수는 2020년 8월 현재 3,000개가 넘는다. 그가 만들수 있는 요리는 500개에 달하는데 모두 한 여인만을 위한 요리다. 바로 그의 어머니다. 그는 노환으로 치매와 대장암을 앓고 계신 어머니를 직접 간호하며 10년 넘게 요리를 하고 있다. 아버지를 요양원에 보내고 임종도 지키지 못한 게 한이었던 그는 어머니 곁을 끝까지 지키기로 결심한 것이다.

처음에는 라면만 끓여 먹는 수준이었지만 서적과 인터넷을 통해 독학으로 요리를 배워 10년 넘게 어머니께 대접해드렸더니, 지금은 못하는 요리가 없을 정도라고 한다. 10년간의 기록을 정리해 『나는 매일 엄마와 밥을 먹는다』라는 책을 출간하기도 했다.

그는 어떻게 10년 넘게 행동을 지속할 수 있었을까? 과연 단순히 블로그 운영이 목적이었다면 그 행동을 이어올 수 있었을까? 그가 꾸준할 수 있었던 것은 아버님을 보내고 느꼈던 후회를 다시 반복하고 싶지 않다는 마음 때문이 아닐까. 후회의 감정이 지금까지의 행동을 이끌 수 있었던 원동력이 되었던 것이다.

그의 글 중에 이런 문장이 있다. "나를 사랑하시고 내 어머니를 사랑하신다면 지금 여기에서 두 사람을 같이 거두어주소서." 10년 넘는 병간호는 결코 쉬운 일이 아님을 엿볼 수 있다. 그럼에도 그가 꾸준할 수 있던 것은 포기한다고 해결되는 건 없으며 더 큰 한이 맺힐 것을 알았기 때문이리라.

기업인 겸 요리연구가 백종원이 대중에 널리 알려진 것은 〈마이 리틀 텔레비전〉이라는 프로그램에 출연하면서부터다. 스타와 전문가가 자신만의 콘텐츠로 인터넷 생방송을 펼치는 방송이었다. 백종원은 요리 전문가로 나와 평소 즐겨 먹는 음식을 간편하게 만들 수 있는 팁을 알려주면서 큰 인기를 끌었다.

그는 현재 여느 연예인 못지않게 대중의 사랑을 받고 있는데, 나는 그가 쌓아온 행보가 인기의 비결이라고 본다. 처음에는 요리법에 대한 지식만 공유했지만, 시간이 지나면서 음식과 관련된 여러 분야에 발전을 가져올 수 있도록 상생에 목표를 둔 것이다.

대표적인 행보가 바로 〈골목식당〉과 〈맛남의 광장〉이다. 〈골목식당〉은 죽어가는 골목 상권을 살리는 취지로 각 지역에 있는 골목 식당을 찾아 솔루션을 주는 프로그램이다. 〈만남의 광장〉은 전국 농어민과 축산업에 도움이 되고자 각 지역의 팔리지 않는 특산물을 활용한 음식을 선보이는 프로그램이다.

그는 두 프로그램으로 대중의 관심을 소비로 이끌고 이로 인해 음식의 수요와 공급의 선순환 구조로 이끌고 있다. 성공한 인물이 어려움에 처한 요식업계 사장들의 사정에 자기 일처럼 고민하거나 사회를 위해 의미 있는 일을 해나가는 모습을 보면 대중이 그를 사랑하는 이유를 충분히 이해가 간다. 이것이야말로 재능 기부라고 본다.

인생이라는 마라톤은 아직 끝나지 않았다. 남은 길은 올바른 목표와 함께 가보면 어떨까.

일주일마다 세부 목표를 점검한다

잘못된 점만 지적하지 말고 해결책을 찾아라.
- 핸리포드 -

행동하고 있다면 지적과 실패를 두려워하지 마라. 세상에 나온
멋진 결과들도 잘못된 점을 개선해가면서 꽃피울 수 있었다.

어제와 별다를 게 없는 날이었는데 주변 사람에게서 "요새
얼굴이 안 좋아 보이네. 많이 피곤한가 봐?", "스트레스받는 일
있어? 피부가 많이 상했네"라는 말을 들으면 괜히 신경이 쓰인
다. 긍정적인 평이라면 힘이 나겠지만 안 좋은 평이라면 온종일
귓가를 맴돌게 된다.

나는 다른 사람의 평에 아주 민감하다. 특히 좋지 않은 얘기
는 좋은 얘기보다 더 신경 쓴다. 그런 얘긴 기억에도 오래 남는
다. 다른 사람의 평을 듣고 나서 행동을 억제하거나 촉진하는

경우도 있다. 타인의 평가든 스스로 내린 평가든 모든 평가는 행동 변화에 영향을 준다. 이런 특성을 이용해 행동 변화를 가속화할 수 있다.

하지만 평가를 활용하는 데 있어 두 가지 문제점이 있다. 첫 번째는 스스로 평가를 할 수 있는 시스템이 갖추어져 있지 않다는 것이다. 하루 일과를 돌아보며 대강 평가하면 자칫 한없이 관대해질 수 있다. 스스로를 객관적으로 바라볼 수 있어야 한다.

두 번째는 타인이 매일 평가해주기 어렵다는 것이다. 여럿이 모여 서로 피드백해주며 변화를 도모할 수 있는 시스템이 갖추어져 있다면 몰라도 자신이 도전하는 목표에 대해 타인의 지속적인 피드백을 받기는 힘들다.

목표를 정했으면 세부 계획을 세워 실행하고 스스로 점수를 측정할 수 있도록 일주일 단위로 세부 목표 질문표를 만들면 좋다. 하루하루 스스로에게 점수를 매기는 것이다. 단순히 O, X로 표시하는 것이 아니라 세부 목표를 지키기 위해 얼마나 최선을 다했는지를 10점 만점에 점수로 평가한다. 주간, 월간 단위로 기록하고 확인하면 언제 기복이 생기는지, 무엇이 지켜지지 않는지 점검해 수정할 수 있다. 필요 없는 세부사항은 없애고 새로운 목표를 넣을 수도 있다.

가령 운동으로 10kg 감량하는 것을 주 목표로 잡았다고 해보자. 세부 목표는 운동하기, 9시 이후 야식 금지, 건강한 음식 섭취, 디저트 금지, 커피 대신 차 마시기로 잡을 수 있다. 두 번의 디저트를 먹을 수 있는 상황이 있었지만, 한 번은 참고 두 번째에 한 숟가락 정도 입에 댔다면 7~8점을 줄 수 있을 것이다. 이런 식으로 다른 세부 목표에도 노력 정도에 따라서 점수를 매긴다. 4주간의 기록을 보니 커피 대신 차 마시기가 습관화된 것 같아서 세부 목표에서 삭제하고 물 2리터 마시기를 추가할 수 있다.

'규칙적인 생활과 꾸준한 자기관리'에 따른 세부 목표 질문표

세부 목표	월	화	수	목	금	토	일
새벽 기상	8	10	10	10	10	10	0
독서	5	10	10	5	10	8	8
운동	0	5	10	10	10	7	8
세 잔 이하로 커피 마시기	10	7	4	0	7	7	7
부정적인 생각은 하지 않기	5	4	7	7	6	7	5
외국어 공부	10	8	8	7	0	0	7
일기 쓰기	10	10	0	0	10	10	10
총점(70)	48	54	49	39	53	49	45

할 일이 아닌 한 일을 기록하라

이와 같이 최종 목표인 10kg 감량을 향해 자신에게 맞도록 체계를 구축해 나갈 수 있다. 말하자면 질문표는 내 변화를 체크해주는 코치 같은 것이다. 다만 기억해야 할 것은 질문표의 점수가 낮다고 하루를 실패한 게 아니라는 점이다. 자신의 부족한 부분을 알고 그에 맞게 수정해 나가면 된다.

이미 짜여 있는 환경을 바꿀 수는 없다. 예측하고 피하는 것이 최선이다. 술자리에 참석해놓고 술을 먹지 않으려 애쓰지 마라. 피할 수 없다면 차라리 제대로 즐기고 다음 계획에 더 신경 쓰는 게 낫다. 환경에 좌우되는 상황을 줄이며 최종 목표로 나아가는 것이다.

처음에는 진행 속도가 느리겠지만 능동적인 목표 평가, 객관적인 문제 파악, 최적화된 계획으로 점점 진행 속도가 빨라질 것이다.

3장

꿈의 현실화에
필요한 무기,
시간

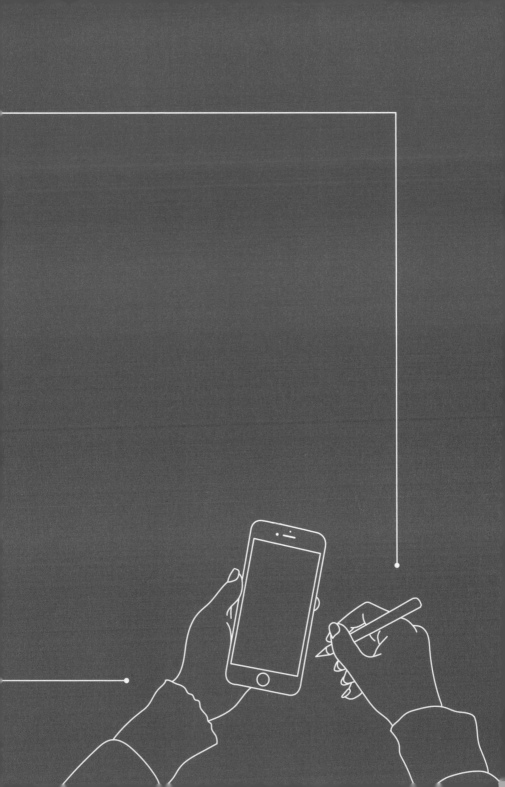

무의미하던 시간을
의미있게 사용하는 게 시작

시간의 사전적인 의미는 '어떤 시각에서 다른 시각까지의 사이 또는 그 단위'이지만 철학, 종교, 개인의 심리 등에 따라 다양하게 정의된다. 그리스 사람들은 시간을 크게 두 가지 개념으로 구분했다. 바로 크로노스와 카이로스다.

크로노스는 어떤 힘이나 환경에 의해 바뀌는 것이 아니라 일정하게 흐르는 절대적인 시간을 말한다. 상대방과 정하는 약속 시각, 기상을 위해 맞춰놓는 알람 시간 등이 크로노스에 속한다. 대부분 크로노스의 시간으로 노동의 대가를 받고 있다.

카이로스는 상대적인 시간이다. 예를 들어 공부하기 싫은 사람에게 수업시간 60분은 길게 느껴질 것이고 좋아하는 사람과 보내는 60분은 짧게 느껴질 것이다. 같은 시간이지만 사람의 심리적 상태에 따라 달라지는 시간이 카이로스다.

그럼 우리는 평소에 어떤 시간 속에 살고 있을까? 좋아하거나 싫어하는 일을 할 때나 고도의 집중력을 발휘할 때 카이로스의 시간이 나타나는 경우는 별로 없다. 우리는 하루의 90% 이상을 크로노스의 시간에 살고 있다. 물론 24시간이 어떻게 지났는지 모르게 빨리 간 날도 있고, 아직도 해가 안 졌나 싶게 느리게 간 날도 있지만, 대부분의 날은 크로노스다.

생일, 크리스마스, 기념일 등 특별한 날에는 의미 있게 보내려고 최대한 신경 쓴다. 이런 날은 카이로스의 시간일 테다. 그런데 그렇게 보내고 그날 있었던 일을 평생 기억할까? 작년 기념일에 뭘 했는지도 가물가물한 사람도 적지 않을 것이다. 이처럼 큰 의미가 있던 시간인 카이로스의 시간조차 우리는 확실히 기억하지 못하고 있다.

카이로스의 시간이 아닌 크로노스의 시간을 활용해야 인생의 변화를 도모할 수 있다. 하루하루 자세히 기억하지도 못하는 크로노스의 시간을 얼마나 효율적으로 사용하느냐에 따라 인생

할 일이 아닌 한 일을 기록하라

변화가 달린 것이다.

우리에게 주어진 시간은 아주 공평하다. 다른 사람과 주고받을 수도 없고, 오로지 자신만이 이용할 수 있다. 누구에게나 공평하게 주어지는 시간이지만 사용하는 사람에 따라 시간의 가치는 달라진다. 하루하루 큰 의미 없이 사용되는 시간을 나 자신을 위한 시간으로 채워 넣는다면 어느 순간 카이로스의 시간이 선물로 주어질 것이다.

꿈이 무엇이든 현실화할 때
시간 관리는 필수다

시간은 가장 희소한 자원이다. 시간을 관리하지 못하는
사람은 다른 아무것도 관리하지 못한다.
- 피터 드러커 -

우리는 생각보다 시간이 별로 없는데도 소중한 줄 모르고
생각과는 매우 다른 방식으로 시간을 보낸다.

어떤 것이든 관리하지 않으면 문제가 될 수 있다. 가령 집안 정리를 신경 쓰지 않으면 물건이 뒤죽박죽 섞이거나 먼지가 쌓여 골칫거리가 될 수 있다. 혹은 몸 관리를 하지 않으면 건강에 문제가 생길 수 있고, 마음 관리를 하지 않으면 정신 건강에 문제가 생길 수 있다. 돈 관리를 하지 않으면 재정적 어려움이 발생할 수밖에 없다. 관리에 소홀했더라도 문제를 인식할 수만 있으면 청소, 운동, 명상, 저축 등 어떻게든 해결책을 찾아 다시 균형을 잡을 수 있다.

할 일이 아닌 한 일을 기록하라

그런데 눈에 보이지 않고 문제로 인식하기 어려워 관리해야겠다는 생각조차 못하는 게 있다. 바로 시간이다. 의식적으로라도 시간을 주요 관리 대상으로 삼아 신경 쓰면 인생의 모든 관리를 효율적으로 행할 수 있다.

독서, 운동, 자아 찾기 등 어떤 목표를 세우고 체계적인 계획을 짠다고 해보자. 목표가 무엇이든 그 계획을 행동으로 옮길 때 공통적으로 들어가는 것이 시간이다.

"너 자신을 알라"라는 소크라테스의 말은 유명하다. 너 자신을 알라는 게 "네 주제를 파악하라"라는 의미는 아니다. 내가 무엇을 좋아하고 싫어하는지, 내 꿈과 목표는 무엇이고 왜 그것들을 이루고 싶은지, 수많은 것 중에 왜 그것을 진정 원하는지를 알라는 의미다.

나 자신을 아는 것은 중요한 성공법칙 중 하나다. 나 자신을 알기 위해선 시간이 필요하다. 꿈과 목표도 없이 다른 사람의 목표를 위해 살아가는 삶은 당신이 원하는 삶이 될 수 없다. 행복한 삶을 위해 가장 중요한 수단이자 관리할 대상은 시간이다.

하루 24시간을 얼마만큼
활용하고 있는가

어떠한 결과라도 기꺼이 받아들일 용의가 있는 한
이 세상에 못 할 일은 없다.
- 서머싯 몸 -

생각만 하면 후회하고 행동하면 성장한다.
체계적인 계획이 동반된 행동이어야 성공한다.

하루 동안 나에게 주어진 시간은 얼마나 될까? 하루는 24시
간이니 24시간일까? 아니면 내가 눈뜨고 일어나서 잠드는 시
간까지일까? 예를 들어 아침 7시에 기상하여 10시에 잠든다면
15시간이 하루 동안 나에게 주어진 시간일까?

나는 '오로지 나만을 위한 시간'만 카운트해야 한다고 생각
한다. 직장에서 업무 이외에 아무것도 하지 않는다면, 출퇴근
시간에 스마트폰만 보고 있다면, 퇴근 이후 꾸준히 하는 무언가
가 없다면 그 시간은 나에게 무의미한 시간이다. 그렇게 카운트

할 일이 아닌 한 일을 기록하라

하게 되면 나에게 주어진 시간은 하루에 1시간도 되지 않을 수 있다.

내가 처음으로 한 일을 기록했을 때 '오로지 나만을 위한 시간'은 하루에 단 몇 분도 없었다. 아침 시간은 고사하고 퇴근 후 저녁 식사 전까지의 시간을 내 시간으로 사용하지 않았다. 기록으로 확인하니 지금 내 현실이 이해되기 시작했다. 여기서 더 나은 삶을 바라는 것은 이기적인 욕심이었던 것이다.

회사에 다니는 것 말고는 아무것도 하지 않으면서 행복해지고 싶고 부자가 되고 싶고 좋은 집에 살길 바라다니 내 스스로가 한심했다. 나름 직장에서 최선을 다하고 가족의 행복을 위해 힘쓰고 있기에 멋진 미래를 기대했건만 지금까지 내가 한 노력은 그저 지금, 이 순간을 유지하려는 노력에 불과했다.

나는 1시간도 되지 않았던 나의 시간을 지금은 5시간 정도 확보하고 있다. 아침 2시간, 출퇴근 2시간, 업무 1시간을 포함해 5시간을 사용하고 있다. 아침 2시간은 5시부터 7시까지로 기상하고 나서 10분간의 명상, 5분간의 확언, 15분간 간단한 운동을 하며 나머지 시간은 책 집필을 위한 시간으로 활용한다. 그리고 왕복 3시간 출퇴근 시간 중 도보 이동을 제외한 2시간은 독서 및 업무 관련 공부를 하는 데 사용하고 있다. 그리고 회사 업무

중 자투리 시간이 총 1시간 정도 생기는데 이 시간은 블로그 및 SNS에 글을 올리는 데 사용을 하고 있다.

이 5시간은 한 일을 기록하지 않았으면 알지도 못했을 시간이다. 처음에는 기록을 통해 출퇴근 2시간과 업무 중에 발생하는 1시간을 나의 시간으로 활용했지만, 시간이 지난 후 내 시간을 이용함으로써 성장하고 있다는 확신이 생기자 2시간의 아침 시간을 더 확보했다.

나는 5시간 이외의 자유 시간은 따로 신경 쓰지 않는다. 퇴근 후 술을 먹을 싶을 때는 술을 먹으며 집에 도착해 아무 생각 없이 소파에 늘어져 있거나 아내와 아이들과 시간을 보내기도 한다. 나는 무엇을 했든 간에 그 시간이 즐겁다. 즐거움의 가장 큰 원인은 내가 할 일을 다 마쳤다는 만족감이 있기 때문이다.

지금 당신은 어떠한가? 원하는 미래를 위해 무엇을 준비하고 있는가? 계획적으로 시간을 활용하고 있지 않다면 자신의 시간을 되돌아보기 바란다. 당신만을 위한 시간이 많을 필요는 없다. 1시간이라도 자신만을 위한 시간으로 활용한다면 생각지도 못한 만족감을 맛보게 될 것이다.

할 일이 아닌 한 일을 기록하라

죽어 있는 시간과 살아있는 시간

절대 어제를 후회하지 마라. 인생은 오늘의 나 안에 있고
내일은 스스로 만드는 것이다.
- L.론 허바드 -

어제의 후회를 없애는 방법도,
내일을 만드는 방법도 모두 오늘을 활용하는 것이다.

우리에겐 살아있는 시간과 죽어 있는 시간이 존재한다. 죽은 시간은 수동적인 자세로 아무것도 하지 않은 채 소망만이 존재는 시간이다. 살아있는 시간은 능동적인 자세로 자신의 목표를 향해 조금씩 나아가며 자신의 가치를 높이는 데 사용하는 시간이다. 루 홀츠 감독이 가장 후회한다고 말한 '그 상태를 유지하려고 했던 시간'은 죽어 있는 시간이다.

당장 성과가 나타나지 않더라도 조금씩 자신을 성장시키는 일의 비중을 높여가야 한다. 그렇다고 무조건 개인적인 시간을

늘려가라는 말이 아니다. 약속된 사회에 살고 있는 이상 속박된 시간은 현실을 살아가는 데 없어서는 안 될 시간이다. 직장인이라면 직장에서의 시간을 업무능력 발휘를 위해, 학생이라면 학교에서의 시간을 성적과 미래를 위해 사용해야 한다. 약속된 시간 안에서 그에 맞는 성장을 해야 한다.

남아프리카 첫 번째 흑인 대통령이었던 넬슨 만델라는 항쟁의 시절, 흑인 인권운동에 가담하다 27년간 감옥살이를 했다. 만델라는 처음에 아무 잘못도 없는 자신이 수감되었다는 사실에 분노했다. 열악한 환경과 억울함으로 면회를 오는 변호사에게 여긴 지옥이라며 울분을 터트리기도 했다고 한다. 하지만 분노에 가득 차 있고 억울함을 호소한다고 해서 감옥의 환경은 바뀌지 않는다.

어느 정도 세월이 지나고 난 후 만델라는 분노해도 환경은 변하지 않는다는 사실을 인정하고 마음가짐을 바꾸기로 했다. 감옥에서 묘목을 구해 나무를 심고 채소밭을 가꾸고 규칙적인 운동을 하며 긍정적인 마음가짐을 유지하기 위해 애쓴 것이다.

그가 27년간의 감옥살이를 마치고 나왔을 때 많은 사람이 허약하고 초라한 모습으로 나올 것이라고 예상했다. 하지만 수용소에서 나온 만델라의 모습은 모두의 예상과 달리 패기 있고

할 일이 아닌 한 일을 기록하라

자신감 있는 모습이었다.

　당시 그의 나이는 일흔이 넘는 노령이었다. 한 기자가 어떻게 이렇게 건강한 모습으로 출옥할 수 있었냐고 묻자 그는 "감옥에서도 나는 항상 하나님께 감사했습니다. 하늘을 보며 감사했고 강제노동을 하며 감사했고 모든 부분에서 감사했기에 건강을 지킬 수 있었습니다."라고 말했다. 마음가짐을 바꿔 지옥 같은 수감생활을 자신의 그릇을 키우는 시간으로 사용했고 그로 인해 들끓던 분노를 잠재우고 평화로이 감옥생활을 보낼 수 있었다는 것이다. 외부 환경 대신 내부 환경을 바꿈으로써 변화했고 더욱더 성숙할 수 있었던 것이다.

　현재 어떠한 환경에 놓여 있든 살아있는 시간으로 만들 수 있다. 지금 놓여 있는 환경이 감옥 같을 수 있다. 본인이 자초한 결과일 수도 있고 외부 환경 때문일 수도 있다. 어떻게 생각하고 활용하느냐에 따라 언제든지 살아있는 시간으로 만들 수 있다. 후회와 신세 한탄으로 상황을 더 나쁘게 만들지 마라. 마음가짐을 바꿔 환경에서 활용할 무언가를 만들어 좋은 방향으로 나아가자. 지금 이 순간은 인생 전체가 아니지만, 한 부분임은 분명하다. 게으름과 무기력이 가득한 죽어 있는 시간으로 보내지 말자.

변수가 생겼을 때
유연하게 행동하려면

개미도 부지런하다.
무엇 때문에 그렇게 부지런한지가 중요하다.
- 헨리 데이비드 소로 -

목표가 없는 부지런함은 한참 헛된 길을 가게 하고
목표가 있는 부지런함은 살아가는 이유를 만들어준다.

내가 아침에 일어나 가장 먼저 하는 일은 앱을 켜고 하루의 주요 일과를 기록하는 것이다. 하루의 일과를 기록하고 보면 머릿속에 벌써 시간 계획이 그려진다. 한 일을 기록하며 시간 관리가 몸에 배면 시간을 세부적으로 나누지 않아도 예상시간 내에 일을 끝내고 여유 시간을 확보할 수 있다.

예전에도 계획을 세우고 하루를 시작했다. 하지만 계획대로 되지 않는 경우가 많았다. 갑자기 진행되는 회의, 일정 변경, 문서 수정 등 수시로 바뀌는 환경 속에서 중심을 잡지 못했다.

할 일이 아닌 한 일을 기록하라

그런데 한 일을 기록함으로써 하루 전체가 바뀌었다. 이제는 아침부터 저녁까지 스트레스 없이 일상생활을 하고 있다. 한 일을 기록함으로써 뜻대로 되지 않았을 때의 자아 강도 상실을 줄일 수 있었기 때문이다.

배가 고프면 먹을 것을 찾고 음식을 섭취하며 만족감을 느낀다. 이를 하루 계획 달성에 대입해보면, 배고픔은 해야 할 일이며 음식을 섭취하는 것은 한 일이며 만족감은 최종 결과다. 하루하루 '계획하고 달성하고 만족하는' 패턴을 반복하고 있다.

해야 할 일을 알지만 그 일이 계획대로 되지 않는다면 결과는 만족스럽지 못할 것이다. 반면 계획했던 일을 수월하게 할 수 있었다면 결과 또한 만족스러울 것이다. 생각했던 대로 흘러가느냐 마느냐에 따라 소모되는 자아 강도는 확연히 다르다. 계획한 대로 흘러가지 못했을 경우 많은 자아 강도가 소모된다. 심하면 자아 고갈이 일어난다.

하루 동안 주어지는 자아 강도는 한정적인 자원이다. 이 자원은 유혹에 저항하고 욕망을 억누르며 생각과 행동을 통제하는 '자기 규제'에 사용된다. 카페에서 아메리카노를 마실지 캐러멜 마키아토를 마실지, 점심에는 어떤 메뉴를 선택할지, 출퇴근길 음악은 어떤 것을 들을지 같은 아주 사소한 선택에도 자아 강도가 소모되며 선택지가 여러 개일수록 소모량은 점점 커진다. 이 자원을 모두 사용하면 자아 고갈 현상이 일어나 유혹과 욕망을 이기지 못한다.

계획했던 저녁 운동이 아닌 TV 시청을 하고, 저녁 산책 대신 소파에 누워 휴식을 선택하며, 퇴근 후 아이들과 즐거운 시간을 보내는 대신 짜증 섞인 목소리로 아이들을 다그치고 있을 때가 있다. 계획했던 멋진 일 대신 부정적인 모습을 보이는 것은 바로 자아 고갈 때문이다.

자아 강도를 균형적으로 사용하여 자아 고갈을 막으면 하루를 마칠 때까지 욕망과 유혹을 떨치며 옳고 그른 결정을 할 수 있다. 자아 강도를 균형적으로 사용하려면 체계가 필요하다. 기본적으로 반복되는 일상을 체계화하면 변화에 맞춰 유동성 있는 행동이 가능해진다.

오늘 할 일을 기록함으로써 기본적인 계획을 세우고 실행한다. 1시간 단위로 한 일을 기록하며 중간중간 계획을 수정하거나 추가함으로써 예기치 못한 변수로 인한 자아 강도 소모를 막을 수 있다. 그러면 자아 강도가 고갈되는 일 없이 하루를 마칠 때까지 옳은 결정을 하게 되어 이상적인 하루를 보낼 수 있을 것이다.

할 일이 아닌 한 일을 기록하라

"이 또한 지나가리라"

햇살이 뚫고 나오지 못할 만큼 두터운 구름은 없다.
- 금언 -

당신의 꿈과 목표가 옳은 일이라면
모두가 부정적이라 해도 끝까지 밀고 나가라.
결과는 오로지 당신만이 만들 수 있다.

성공한 사람들의 공통점은 끈기와 인내심이다. 정직성, 열정, 호기심, 협동심 같은 성격적 강점 중에서 업무 성과에 가장 큰 관련이 있는 게 인내심이라고 한다.

미국 세일즈맨 협회에서 조사한 설문에 따르면 한 번의 고객 영업에 실패해서 팔기를 포기한 사람이 48%, 두 번의 고객 영업에 실패해서 팔기를 포기한 사람이 25%, 세 번 만에 팔기에 성공한 사람은 12%였다. 12%의 세일즈맨이 78%의 몫을 해내고 있는 것이다. 실패에 굴하지 않고 꾸준한 끈기와 인내심을 발휘하는 사람은 절대 실패한 인생을 살지 않는다.

한 번의 성공을 위해 2,000번의 실험을 진행한 에디슨, 109번의 퇴짜를 맞은 후에 창업에 성공한 KCF창립자 할랜드 센더스, 1,500번의 도전 끝에 주연으로 발탁된 실베스터 스텔론 등 인내심이 뛰어난 성공 인사는 무수히 많다. 성공하기까지는 항상 시간이 걸리므로 그 시간을 견뎌내는 끈기와 인내가 필요하다. 굴복하지 말고 끝까지 나아가라. 지금의 고통을 이겨낸다면 분명 성장할 것이다.

사라 엘리자베스 루이스 박사는 TED 강연에서 '근접 성공'이라는 말을 했다.

"근접 성공이라는 말은 패배라는 단어를 대신해 표현한 단어로서 최고의 성공은 성공에 완성에 있지 않다. 최고의 성공은 성공에 가장 근접해 있는 상태다. 목표 직전에 이르렀을 때 우리는 엄청난 추진력을 얻기 때문이다."

목표 직전의 상태까지 가기 위해 많은 실패를 겪었을 것이다. 성공하고 싶다면 매일 아침 눈떴을 때 목표를 기억해내고 그 일을 꾸준히 실행하라. 꾸준함이야말로 남들보다 앞서갈 수

할 일이 아닌 한 일을 기록하라

있는 비결이다.

인내와 끈기는 열정, 의지 같은 감정에서 나온다. 그리고 이 감정은 어떠한 보상이 주어지지 않으면 서서히 사그라든다. 빠른 결과를 얻지 못해 실패한 경우가 대부분이다. 몸으로 느끼는 변화, 눈에 보이는 결과가 바로 나타나지 않기에 포기하고 마는 것이다.

꾸준함을 위해서는 감정 소모를 최대한 줄여가는 것이 중요하다. 보상과는 상관없이 해야 할 일을 하는 것이다. 아마 한 일을 기록하다 보면 특정 시간에 아무것도 하지 않는 자신을 발견하게 될 것이다. 무의미하게 아무것도 하지 않는 시간을 목표 달성을 위한 시간으로 사용한다면 인내와 끈기 같은 감정 소모를 줄일 수 있다. 휴식 시간을 말하는 것이 아니다. 흡연, 인터넷 서핑과 같이 별 이득이 없는 시간일지라도 스트레스 해소나 기분 전환이 된다면 그 시간은 필요한 시간이다.

지금 목표가 당장 성과를 낼 수 없는 것이라면 인내심을 갖고 꾸준함을 유지하며 천천히 조금씩 나아가자. 목표 달성에 실패한 사람 중에 성공을 목전에 두고 그만둔 사람이나 실행조차 하지 않은 사람은 별로 없다. 꾸준히 지속하지 못해서 실패한 사람이 대다수다.

과거와 미래보다
지금 이 순간에 집중하라

과거에 대해 생각하지 마라. 미래에 대해서도 생각하지 마라.
현재에 살아라. 그러면 과거도 미래도 그대 것이 될 것이다.
- 라즈니시 -

현재의 시간에 충실하라. 어디에 있든 그 시간에 집중하면
모든 시간의 실타래가 풀릴 것이다.

과거, 현재, 미래 중에 가장 중요한 순간은 현재다. 하지만
대부분의 사람은 오늘을 과거와 미래를 생각하는 데 사용한다.
아침에 저지른 실수를 생각하며 후회하고 내일 있을 업무를 생
각하며 미리 스트레스를 받는다.

과거에 일어난 일은 아무리 발버둥쳐도 바꿀 수 없다. 실수
로 인한 비판, 수치심, 창피함 같은 감정은 사라지지 않는다. 과
거에 집착하지 마라. 이미 흘러가버린 시간은 다시 오지 않는
다. 미래도 마찬가지다. 그 누구도 예측할 수 없는 일을 생각한

할 일이 아닌 한 일을 기록하라

다면 막연한 불안과 걱정에 휩싸이게 한다.

지금 이 순간에 집중하고 가장 중요한 일을 최우선 순위에 두고 행동해야 한다. 지금 이 순간은 인생에 단 한 번뿐인 시간이며 무엇인가를 만들어갈 수 있는 시간이다. 과거에 무슨 일이 있었든 미래에 무슨 일이 일어나든 중요하지 않다. 지금 이 시간을 헛되이 보낸다면 지금으로부터 1년 뒤에도 지금과 똑같이 후회하거나 미래를 걱정하고 있을 것이다.

현실에 충실하기 위해서는 마음과 생각이 과거로 떠날 때나 미래에 가 있을 때 다시 현재로 돌아올 줄 알아야 한다. 생각을 되돌리는 첫 번째는 의식적으로 알아차리는 것이다. 한때는 현재였던 과거를 생각하며 '그렇게 할걸', '그러지 말걸', '이렇게 했다면 얼마나 좋았을까?'라는 생각은 당장 멈추고 현재 해야 하는 일에 집중해야 한다.

해야 할 일이 없다면 무엇을 할지 생각해야 한다. 처음에는 자신도 모르는 사이에 과거나 미래를 생각하고 그것을 인지하지 못할 때가 많을 것이다. 하지만 생각나는 순간만이라도 의식적으로 그 생각을 벗어나 현재 해야 할 일에 집중한다면 시간이 지날수록 현재를 즐길 수 있는 날을 늘려갈 수 있을 것이다.

두 번째는 인식이다. 과거를 바꿀 수 없으며 미래 또한 알 수 없음을 확실히 인지해야 한다. 과거의 잘못된 행동이나 실패 혹은 성공 경험을 성장의 발판으로 삼을 수는 있다. 미래의 모습을 상상하며 행복한 감정을 느낄 수도 있다. 하지만 이렇게 얻는 감정과 가치는 현재 우리의 시간을 제대로 사용했을 때 더욱 더 큰 감정과 가치로 다가온다. 과거의 기록을 후회와 불만이 아닌 기쁨과 만족으로 바꾸고 미래의 불안과 공포를 믿음과 확신으로 바꿀 수 있는 방법은 지금에 집중하고 해야 할 일을 해나가는 것뿐이다.

성공해서 만족하는 것이 아닌 만족하고 있었기 때문에 성공한 것이라는 말이 있다. 돈이 있기 때문에 행복한 것이 아닌 돈 관리를 했기 때문에 행복이 찾아오는 것이다. 다이어트에 성공해서 행복한 것이 아닌 운동과 식단조절을 했기 때문에 행복이 찾아오는 것이다.

생각만 하는 사람 vs 행동하는 사람

이룰 수 없는 꿈을 꾸고 이길 수 없는 적과 싸우며,
이룰 수 없는 사랑을 하고 견딜 수 없는 고통을 견디고,
잡을 수 없는 저 하늘의 별도 잡자.
- 소설 『돈키호테』 -

스스로 할 수 있다고 믿는 한 무엇이든 이룰 수 있다.

생각만 하는 사람과 행동하는 사람의 차이는 엄청나다. 행동하는 사람은 성공 여부에 상관없이 끊임없이 성장하며 결과는 마음먹기에 달렸다고 여긴다. 아무리 뛰어난 아이디어와 혁신적인 방안이라도 생각만 하는 사람은 발전이 없다.

결심해서 행동으로 옮긴 사람 중 중도에 포기한 사람과 끝까지 밀고 나가 결과를 낸 사람과의 차이도 엄청나다. 둘은 결정적으로 마인드가 다르다.

"이걸 이루면 성공할 거야!", "해내면 인생이 달라질 거야!"

"이것만 된다면 대박이야!" 하고 확신을 가지고 출발하지만 중도에 포기하는 사람의 경우 점점 확신이 의문으로 바뀐다. "성공할까?", "달라질까?", "대박 날까?" 하고 말이다. 이때 중도에 포기하는 사람은 처음의 확신이 바뀌게 된다. "이걸 해낸다고 해도 성공한다는 보장은 없어", "인생이 완전히 달라지지는 않아", "대박까지는 아니야"라고 말이다.

이는 결심한 순간 열정이 앞서 한 번에 많은 것을 바꾸려고 하기 때문이다. 사람은 익숙했던 예전 상태로 돌아가려는 습성이 있다. 이 과정에 정당성을 부여하려고 '핑계'를 찾게 된다. '역시 나한테는 무리였어'라고 말이다.

처음의 확신이 변하지 않는다면 목표를 향해 계속 나아갈 수 있다. 이때 목표치 설정이 아닌 시간 설정이 중요하다. 하루 목표를 이루려고 발버둥치지 말고 하루 한두 시간의 내 시간 동안 다른 것을 배제하고 하고자 하는 일에만 집중하는 것이다. 그렇게 부담 없이 행동해야 포기하는 일이 없다. 한두 시간이 어렵다면 하루 30분부터 시작하자. 그것조차 어렵다면 10분도 괜찮다.

풀코스 마라톤은 42.195km이지만 하프마라톤은 풀코스의 절반이 되는 거리이며 단축마라톤은 절반도 안 되는 15km,

10km, 5km 등 다양하다. 일반인의 마라톤 평균 완주 시간은 풀코스는 5시간, 10km 단축마라톤은 1시간이다. 풀코스 마라톤을 위해 매일 5시간을 달릴 필요는 없다. 그저 허락된 시간에 달리기에 집중하는 것이 중요하다.

달리는 연습을 하지 않고 '잘 뛰는 방법'이나 '쉽게 뛸 수 있는 비결' 등을 생각해도 좋다. 그저 그 시간을 목표 달성의 시간으로 만들면 된다. 매일같이 말이다. 하루하루 짧은 시간이 모여 습관이 배면 처음의 확신은 변함없이 마음속에 자리할 것이다. 어떤 것이든 포기하지 마라.

작은 행동에 꾸준함과
시간이 더해졌을 때

행동이 꼭 행복을 가져오지는 않을 수도 있지만,
행동 없이는 행복도 없다.
- 벤저민 디즈레일리 -

생각은 생각일 뿐 당신을 만드는 것은 행동이다.
상상은 절대 당신을 만들지 못한다.

칠레의 아타카마 사막은 '지구에서 가장 건조한 지역'으로 선정된 사막이다. 이 지역에 예상 밖의 비가 쏟아지면 꽃 피우지 못한 씨앗이 피게 되는데 이를 개화 사막이라 부른다. 개화 사막은 보통 5~7년 사이를 두고 나타나는데 이처럼 한 번에 많은 양의 비로 인해 사막이 야생화로 가득 찬 꽃 천지로 바뀌게 되는 것이다.

아타카마 사막의 개화 현상처럼 우리네 인생도 한 번의 변화로 멋지게 변모할 수 있다. 처음에는 눈에 띄지 않는 작은 행동일지라도 시간이 지날수록 정체되어 있는 이들과의 간격이 점점 벌어질 것이다. 시간의 가치를 알고 활용하는 사람은 더 따라갈 수 없을 정도로 인생이 달라지리라.

보디빌더도 며칠 만에 몸을 만들고 대회에 출전하지 않는다. 운동하지 않는 날도 있지만 꾸준한 몸 관리와 시합 전에 체계적인 관리와 강도 높은 훈련을 통해 대회에 출전하는 것이다.

성공한 사람을 두고 노력의 과정보다는 그 사람이 가진 배경에 주목해 꼬투리를 잡는 경우가 있다. 어떤 분야든 큰 성취를 달성한 사람은 결코 짧지 않은 준비 기간과 숱한 실패를 겪었을 것이다. 로또처럼 하루아침에 벼락부자가 된 것이 아니라면 결과 이전의 행동을 가치 있는 시간으로 만들고 끝까지 포기하지 않는 열정으로 달려왔으리라.

"오늘 하루 1시간 동안 책을 읽었어", "마무리 짓지는 못했지만 1시간 동안 사업계획을 했어" 하루에 1시간이라도 나의 발전을 위해 사용하자. 하루하루 작은 성공이 쌓일수록 긍정의 마음가짐과 의지가 단단해져서 원하는 결과로 이끌 것이다.

소프트뱅크 회장 손정의는 미국 유학 시절 비싼 학비와 생활비 문제로 고민이었다. 이를 해결하기 위해 아이디어를 생각하고 그에 관련된 특허를 취득해 기업에 팔아 필요한 돈을 만든다는 계획을 세웠다. 낱말카드 300장을 만들어 아침마다 무작위로 3장을 뽑아 그 단어를 조합해 발명 아이디어를 생각해내는 방식이었다. 걸리는 시간은 고작 5분밖에 안 되었다.

1979년 손정의는 아이디어를 샤프전자에 팔았으며 1억 엔(약 11억 원)이라는 엄청난 수익을 벌게 됐다. 하루 단 5분이라는 짧은 시간을 통해 큰 기회를 잡을 수 있었던 것이다.

즐거운 마음가짐과 꾸준함으로 하루에 주어진 시간을 가치 있게 사용해 나간다면 현재에 머무르지 않고 더 높은 목표로 나아갈 수 있을 것이다.

그런데 기후 변화로 인한 아타카마 사막의 개화 현상은 오래가지 않는다. 인생에 멋진 변모를 성공했다면 사시사철 푸른 숲을 만들어가는 데 집중해야 한다. 작은 변화를 계속해 자신만의 인생을 만들어가야 한다.

꿈의 현실화를 궁리하다 보면
방법이 보인다

꿈을 계속 간직하고 있으면 반드시 실현할 때가 온다.
- 괴테 -

꿈을 위해 행동하지 못해도 끝까지 포기하지 않는 것이 중요하다.
당장 할 수 있는 일이 생각나지 않아도 매일 꿈을 꺼내어 보라.
조금씩 할 수 있는 일이 보일 것이다.

    빠르게 세상이 변하고 있고 그 속도만큼 삶의 형태도 바뀌고 있다. 사람이 모이는 온라인플랫폼에는 새로운 수익 창출과 소비가 이루어지고 있다. 불과 몇 년 전에는 없던 직업이 생겼고 기존과는 다른 경제활동으로 부를 창출하는 사람이 늘고 있다. 하지만 여전히 대부분의 사람은 원하는 직장에 들어가기 위해 고군분투한다.

    보통은 20대 중후반이 돼서야 직장에 들어간다. 하지만 월급은 부족하기만 하다. 그렇다고 직장을 때려치우고 나오기엔 현실이 녹록지 않다. 물론 어렵사리 입사한 직장에 회의감을 느끼고 멋진 미래를 꿈꾸며 퇴사하는 사람도 있다. 그중 원하는 바를 이룬 경우는 드물고 1~2년이 지나도록 제자리걸음을 하다 슬슬 이력서를 넣게 되는 경우가 대부분이다. 이루고 싶은 꿈이 있다면 지속적으로 꺼내어 보는 것이 좋다.

많은 사람이 꿈을 그저 가슴속에 묻어두고 꺼내지 않는다. 어쩌면 꿈을 꺼낼 엄두도 내지 못하는 것일 수도 있다. 하지만 꿈은 가슴속에서 꾸준히 꺼내 보고 '꿈을 이룰 방법이 없을까?' 하고 끊임없이 궁리해야 한다. 처음에는 엄두가 나지 않았던 꿈일지라도 계속 생각하다 보면 해결책이 보이게 되어 있다.

사람은 자신이 저지른 일에 대한 후회보다 하지 못했던 일에 대한 후회를 더 많이 한다고 한다. 그만큼 실행이 어려운 것이다. 그렇지만 반복 행동은 마음가짐을 바꾸는 계기가 되기도 한다. 처음에는 안 된다는 마음이 철벽을 친 듯 굳건하더라도 '지금 내가 원하는 것이 진짜 지금의 환경에서는 불가능한 것인지'를 계속 생각함으로써 '되지 않을까?'로 바뀌고 조금씩 안개가 걷히며 결국 '할 수 있다'로 바뀌어 실현을 위한 계획이 보이게 될 것이다.

할 일이 아닌 한 일을 기록하라

명언을 활용한 '나를 돌아보는 글쓰기'

오랫동안 꿈을 그리는 사람은 마침내 그 꿈을 닮아간다.
- 앙드레 말로 -

당신은 닮고 싶은 사람이 있는가? 변화를 위해서는 내게 일어난 일보다 내 안에서 일어난 일이 더 중요하다.

카를 융의 "당신이 할 거라고 말하는 일 말고 당신이 하는 일이 당신이다"라는 말이 계기가 되어 나는 '시간'에 대해 생각하게 되었다. 어느 분야든 그 분야에서 큰 성공을 거둔 사람이나 위인의 명언은 한 문장이라도 한 권의 책보다 깊은 가르침을 줄 때가 있다.

머릿속이 시끄러울 때 나는 펜을 잡는다. 글쓰기로 마음을 정리할 수 있기 때문이다. 습관이 되지 않은 사람은 첫 문장 쓰기부터 막힐 수 있다. 명언을 옮겨 적고 떠오르는 생각부터 정리해보는 방법을 추천한다. 나는 매일 블로그에 명언 하나를 올리고 그 아래에 내 생각을 함께 적는다. 다음은 내가 블로그에 올린 게시물 중 하나다.

"인생이란 원래 공평하지 못하다. 그런 현실을 불평할 생각 말고 받아들여라." -빌 게이츠-

공평하지 않은 인생을 불평한다고 해서 얻는 것이 있는가? 마음의 위로가 되는가? 마음가짐을 다시 잡는 계기가 되는가? 불평하는 집단과의 유대감만 형성될 뿐이다. 소주나 들이키게 되는 불평을 내버려 두고 모두에게 공평하게 주어지는 기회인 시간을 잡아라! 시간이 당신이 불평했던 대상이 되게 해줄 것이다.

내 생각을 같이 적으면서 명언을 다시 한 번 곱씹어보고 마음을 다잡기도 한다. 명언을 보고 얻는 동기부여보다 한 단계 높은 감정 변화를 얻을 수 있다. 꿈으로 가는 길에 지속적인 힘이 될 것이다.

모든 명언에 공감이 가는 것은 아니다. 그 말에 동의하지만

할 일이 아닌 한 일을 기록하라

조금 다른 생각이 들 때도 있다. 이런 생각을 적어보면서 생각의 깊이를 갈고닦고 그동안 몰랐던 나의 가치관을 발견할 수도 있다. 다음은 내가 블로그에 올린 게시물 중 하나다.

"빛을 비추려면 어둠 속으로 들어가야 한다." - 속담 -

내 생각은 다르다. 빛을 보기 위해 어둠 속으로 들어갈 필요는 없다. 화창한 낮에도 뜨겁고 밝은 태양이 우리를 비추는 것처럼 좋은 날에도 언제나 빛을 찾을 수 있다.

매일 블로그에 명언과 내 생각을 쓰면서 내 신념을 확인한다. 또 다른 누군가와 공유한다는 마음이 들면 잡생각이 사라지고 의욕적으로 지금 내가 해야 할 일에 집중하게 된다.

자신만의 신념을 확인하고 그것을 발판으로 꾸준히 앞으로 나아가라. 에디슨의 명언을 가슴속에 새기면 에디슨이 당신과 함께 꿈을 이뤄나갈 것이며 헨리 포드의 명언을 새기면 헨리 포드가 당신과 함께할 것이다. 가슴속에 깊이 박히는 명언을 새겨라. 그것이 삶의 방향을 설정하는 데 있어 깊은 가르침이 될 것이다.

4장

내가 한 일을
1시간 단위로
기록하는 이유

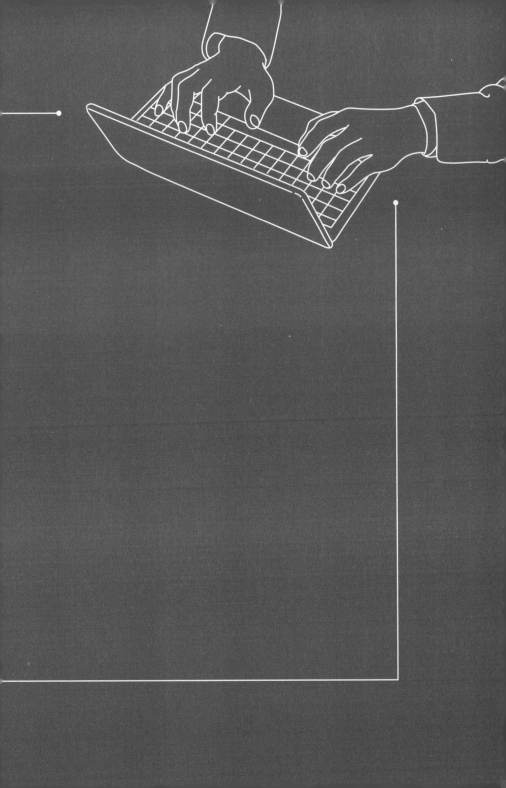

어떠한 선택을 했는지를 보고
나를 파악한다

위대한 인물에게는 목표가 있고
평범한 사람에게는 소망이 있을 뿐이다.
- 워싱턴 어빙 -

아무런 행동도 없는 소망은 절망으로 바뀌기 쉽다.
소망에 맞는 행동이라면 최소한 절망으로 바뀌는 일은 없다.

행동에는 반드시 그에 맞는 결과가 있다. 지금 당신이 다이어트를, 운동을, 새벽 기상을, 독서를 하고 있다면 거기에 맞는 결과가 있을 것이다. 습관처럼 술을 마시고 멍하니 스마트폰을 보며 개인 시간을 보내고 있다면 거기에 맞는 결과도 있을 것이다.

강원국 작가는 글은 엉덩이로 쓰는 것이라고 했다. 그만큼 많은 시간을 투자하고 목표를 위한 행동을 꾸준히 해야 한다는 것이다. 글을 쓰기 위해 의자에 엉덩이를 붙이고 있는 작가의 마음은 즐거움일까, 고통일까? 아마 엉덩이를 붙이고 앉아있는 대부분의 시간은 고통일 것이다. 하지만 그 고통 속에서 얻는 결과는 좋을 수밖에 없다.

오늘도 마땅히 할 게 없어 스마트폰을 들여다보고 있는가? 하루 동안 쌓인 스트레스를 날려버리기 위해 술친구를 찾고 있는가? 아니면 체력 증진을 위해 운동을 하고 있는가? 지식 함양을 위해 독서를 하고 있는가? 당신이 쉬운 선택을 했다면 그 선택에 대한 행동은 쉬울 것이다. 하지만 결과는 당신이 원하던 결과는 아닐 것이다. 만약 어려운 선택을 했다면 그 선택에 맞는 행동에는 많은 장애물이 생길 테지만 '왜'에 초점을 맞추고 한 걸음씩 나아간다면 분명 원하는 결과를 얻게 될 것이다.

쉬운 선택이든 어려운 선택이든 결과를 얻으려면 대가가 필요하다. 시간이라는 대가를 치러야 한다. 좋은 결과를 얻으려면 좋은 시간을 만들어가야 함을 모두 인지하고 있다. 그런데 행동은 전혀 다른 방향으로 가고 있다는 것이 문제다. 좋은 시간을 만들어가야 결과도 좋은 방향으로 흐른다는 것을 알지만, 실행하지 않으며 좋지 않은 행동을 반복하고 있다는 사실조차 인지하지 못한다. 더 정확히 말하자면 그 사실을 알고 있으면서 애써 외면하고 있다.

할 일이 아닌 한 일을 기록하라

스스로 좋은 결과를 바라면서 그와 반대되는 행동을 하며 좋지 않은 시간을 만들고 있지 않은가. 좋은 결과에는 어려운 선택이 따르고 좋지 않은 결과에는 쉬운 선택이 따르게 되어 있다. 쉬운 선택의 유혹을 뿌리치지 못하는 것이다.

좋은 결과를 얻길 바란다면 자기 자신을 확실히 보고 느끼며 파악할 줄 알아야 한다. 평소 당신의 감정 상태와 행동을 유심히 관찰해보라. 원하는 것이 무엇인지, 지금 원하는 것을 얻을 수 있는지를 스스로 점검해보길 바란다.

변화를 위한 첫걸음,
한 일 기록하기

당신의 인생을 망치고 있는 것은 바로 당신이다.
불평을 그만두고 잘못한 일에서 교훈을 얻어라.
- 빌 게이츠 -

지금 당신의 현실은 당신이 만든 결과물이다.
무엇이 부족한지 확인하고 그것을 채우기 위한 방도를 찾아라.

지금까지 목표 달성에 실패하고 변화할 수 없었는가? 혹시 행동을 변화하지 않은 이유를 찾진 않았는가? 할 일이 있는데 SNS를 보며 '좋아요'를 누르면서, 유튜브와 TV를 보면서 미룬 적은 없는가? 지친 하루에 대한 보상, 소소한 행복이라는 핑계로 말이다. 불규칙적인 식사, 잦은 술자리, 휴일의 늦잠 등 사이클에서 벗어나는 모든 행동에는 핑계가 있다. 목표 달성에 실패하거나 도중에 그만두었을 때에도 어김없이 핑계가 존재한다. 자기 자신의 현실 탓, 환경 탓, 타인 탓을 한다.

할 일이 아닌 한 일을 기록하라

변화를 위해서는 핑계를 없애야 한다. 핑계를 없애면 행동할 수밖에 없다. 핑계를 없애는 방법으로 두 가지가 있다. 한 일을 기록하는 것과 잘못된 생활 패턴을 없애는 것이다.

한 일 기록하기

자신이 한 일을 적으면 핑계를 댈 수 없다. 사람들이 많이 대는 핑계 중 하나가 "시간이 없다", "여유가 없다"이다. 그런데 한 일을 기록해보면 그 말이 정말 핑계에 불과했음이 밝혀진다.

1시간 단위로 한 일을 기록해보자. 아침에 눈을 떴을 때부터 저녁까지 행동을 기록할 시간을 정한다. 아침은 일어난 순간부터 기록하되 저녁 시간은 일과가 끝난 시간이든 잠자리에 드는 시간이든 상관없다. 각자 기록할 시간을 정한 다음에 1시간 단위로 한 일을 간단히 기록하면 된다.

하루 5시간을 공부했다고 생각했지만, 막상 한 일을 기록해보면 대부분의 시간을 스마트폰을 보거나 주변 사람과 잡담하는 데 사용했음을 알게 될지도 모른다. 회사 업무도 마찬가지다. 회사에서 근무하는 동안 한 일을 기록해보라. 아무것도 하지 않은 시간, 차를 마시는 시간, 동료와 대화하며 휴식한 시간이 생각보다 많다는 걸 알게 될지도 모른다.

그냥 흘려보내는 시간을 줄여나가자. 남을 위한 고민은 접어두고 오직 자신만을 위한 고민을 시작하자. 그리고 해야 할 일에 집중해 처리하고도 시간이 남으면 원하는 일을 하는 데 투자하자. 하루 24시간을 어떻게 보냈는지 기록하고 목표를 위해 남는 시간을 활용한다면 굳이 따로 시간을 내려고 애쓰지 않아도 된다.

잘못된 생활 패턴 없애기

지금 현실이 싫어 바꾸고 싶다면 잘못된 생활 패턴이 없는지부터 점검해보자. 지금의 상황은 그동안의 생활이 만든 결과다. 앞으로 변화하고 싶다면 잘못된 생활 패턴을 버려야 한다.

둘 중 좋은 쪽을 택하는 게 아니라 나쁜 생활 패턴을 아예 버리는 것이다. 아침에 숙취로 괴로울 걸 알면서도 술을 마시는 일처럼 행동 후에 후회가 따르는 일을 그만두자. 지금 현실을 원망하면서 왜 매일 똑같이 하루를 보내는가? 당장 자기 푸념을 멈추고 나쁜 생활 패턴을 버리자.

새로운 생활 패턴을 세우는 것보다 일단 나쁜 생활 패턴을 하나씩 버리는 게 중요하다. 차라리 아무것도 하지 않는 시간을 늘려보자. 당장은 남는 시간에 아무것도 하지 않아도 괜찮다.

그저 나쁜 습관을 없애는 것만으로도 후회할 일이 줄어들고 많은 변화가 이루어진다.

모든 것은 당신의 행동에 달려 있다. 사랑, 행복, 성취감, 질투, 시기와 같은 감정도 집, 자동차, 돈과 같은 물질도 모두 당신의 행동에서 나온다. 변화하고 싶다면 한 일을 기록하고 나쁜 습관을 버려 남는 시간을 늘리자. 이것이 변화를 위한 첫걸음이다.

오늘 한 일을 확인한 후
내일 할 일을 정한다

이미 흘러가버린 시간을 아쉬워 말고
똑똑히 바라보아야 한다.
- 베르톨트 브레히트 -

과거는 절대 되돌릴 수 없다. 감정으로 느끼지 말고
똑바로 평가해야 같은 실수를 반복하지 않는다.

시간은 과거와 현재 그리고 미래로 나눌 수 있다. 과거의 시간은 자신을 돌아보는 지표와 결과물이다. 현재는 무언가를 만들어 나가는 시간이다. 미래는 어떤 진실과 거짓이 존재하지 않은 시간이다.

과거를 먼저 살펴보자. 과거는 어떤 일들을 하고 살아왔으며 어떠한 영향을 받아 지금의 내가 이루어졌는지 알려주는 퍼즐 조각들이다. 언제든지 퍼즐조각을 꺼내어 볼 수 있으며 그 한 조각에 녹아 있는 감정과 행동을 추억할 수 있다.

할 일이 아닌 한 일을 기록하라

어린 시절 친구들과 함께했던 축구 경기를 꺼내어 본다면 정확히 기억은 나지 않을 수 있지만 적어도 경기 중 자신의 포지션과 그때의 감정은 충분히 느낄 수 있다. 그 추억에 함께 있던 사람들과 퍼즐을 꺼내 보기도 하며 그 자리에 없던 사람들과 공유하며 이야기를 나누기도 한다. 좋은 기억만 있는 것은 아니다. '이불 킥'을 부르는 행동, 원망과 후회스러운 기억도 있다.

단순히 과거를 회상하는 데 기억을 사용했다면 이제는 달라져야 한다. 지금까지 자신의 발자취를 확인하고 잘못된 부분을 인지해야 하며 현재를 통해 변화시켜 나가야 한다.

현재를 보자. 어떤 결과를 의도했든 하지 않았든 지금 당신은 어떠한 일을 창조해 나가고 있다. 비록 아무것도 하지 않은 행동조차도 결과를 만들어내고 있다. 그리고 그 행동의 대부분은 우리 마음속에 기억되지 않는다. 기억되지 않기에 자신에게 맞는 목표를 세울 수 없으며 행동으로 이어지기 힘든 것이다.

과거의 기록은 자극적이며 충분한 감정의 변화가 있을 때 퍼즐로 만들어진다. 1년 전 오늘을 기억하는가? 스무 살의 6월 5일에 있었던 일은 어떠한가? 매년 크리스마스에 무엇을 했는가? 아마 다 기억하지 못할 것이다. 친구나 부모님과 보냈던 시간이라도 한쪽은 또렷이 기억하고 한쪽은 어렴풋이 기억할 수도 있다.

친구 여럿이서 과거를 추억한다고 해보자. 한 친구가 "6학년 생일파티 때 내가 생크림 케이크가 아닌 초콜릿 케이크를 사와서 초를 불지 않겠다고 난리 치고 울었잖아"라고 했지만 다른 친구는 기억하지 못할 수 있다. 같은 추억이라는 퍼즐을 가지고 있지만 그 기억이 조금씩 다르거나 아예 없는 것이다. 자극적이거나 충분한 감정의 변화가 없던 기억이기 때문이다. 나에게는 소중한 추억으로 남아있는 기억이 상대방에게는 그저 평범했던 하루에 불과했을 수 있다.

지금의 일상도 마찬가지다. 하루의 행동 대부분은 기억으로 남지 않고 사라진다. 그렇다면 사라지는 기억을 잡기 위해 매일 환상적인 이벤트로 채워야 할까? 그렇게 한들 언젠가는 그 환상적인 이벤트도 평범하게 느껴질 것이다.

그래서 나는 행동을 기록한다. 1시간 단위로 쌓여가는 하루의 기록으로써 행동을 기억하고 훗날 그에 대한 결과를 확인할 수 있다. 삶을 채우는 행동이 모두 자극적이거나 감정적일 수는 없다. 보통은 고요하게 흐르는 강물처럼 조용하게 흘러간다. 그리고 그렇게 흘러가 바다를 만난 것처럼 현재의 결과로 나온다. 고요하게 흐르는 강물을 눈여겨보자. 내가 가지고 있는 시간과 지금 하고 있는 행동을 객관적으로 파악해야 앞으로의 바다를 예측하고 경로를 변경할 수 있다.

하루하루 시간을 어떻게 사용했는지, 비어 있는 시간이 있는지, 있다면 거기에 무엇을 채워 넣어야 할지를 고민해야 한다. 단순하게 "요새 술을 많이 마셨으니까 줄여야지"라고 했을 때와 "내가 1주일에 3회 이상 술을 마셨네? 그럼 일주일에 2회로 줄여야지"라고 했을 때 목표는 비슷하더라도 결과는 분명 달라질 것이다.

나의 감정을 확실히 인지하고 그에 맞는 행동을 취했을 때 예상되는 결과를 모른다면 잘못된 목표 설정으로 반복되는 다짐과 실패를 지속할 수밖에 없다. 한 일을 기록해서 나만의 지표를 만들고 결과를 예측해보자. 뚜렷한 목표 설정을 세우는 데 큰 도움이 될 것이다.

미래를 보자. 미래는 진실과 거짓이 없다. 돌아오는 새해 목표를 다이어트로 잡든 100억 달성으로 잡든 성공 여부는 알 수 없다. 큰 목표에 대한 세부 계획이 많다고 해서 성공한다는 보장이 없고, 목표를 위한 계획이 없다고 해서 실패한다고 장담할 수도 없다. 과거의 기억이 됐을 때에야 확인 가능하다.

지금의 모습은 할 일이 아닌 한 일이 증명해준다. 할 일은 그저 진실도 거짓도 아닌 생각일 뿐이다. 벤저민 디즈레일러는 "과거는 생각하기 위해 현재는 일하기 위해 미래는 즐거움을 위해 존재한다"라고 했다. 과거를 확인하고 현재 행동을 수정하며 나를 위한 미래를 계획하자. 지금의 상황이 좋지 않을 경우, 미래에 후회되는 과거로 기억될 수 있다.

오늘부터라도 한 일을 기록하면 그 기록을 이용해 후회되는 과거의 기억을 좋은 결과를 위한 과정으로 만들 수 있다. 기록을 보면서 지금껏 몰랐던 나를 발견하기를 바란다.

감정 변화가 있어야
행동 변화가 일어난다

고통은 인간의 위대한 교사다.
고통의 숨결 속에서 영혼이 발육된다.
- 바흐 -

어차피 느끼는 고통이라면 성장하지 않아서 느끼는 고통보다
성장을 위한 고통을 느끼는 게 훨씬 낫지 않을까.

사람은 의지와 감정의 변화가 동시에 일어나야 행동한다. 행동을 유지하려면 감정 변화가 있어야 한다. 몰라서 하지 않는 것이 아니라 알면서도 하지 않는 경우가 대다수다.

『순간의 힘』(칩 히스·댄 히스 지음, 박슬라 옮김, 웅진지식하우스, 2018)에 감정의 변화로 자발적인 행동 변화를 일으킨 사례가 나온다. 방글라데시의 야외 배변 문제를 해결하고자 모금으로 자본금으로 모아 여러 마을에 수거식 변소를 보급하고 있을 때였다. 프로젝트 평가를 위해 방문한 카말카 박사는 수거식 변소 보급에 있어

한 가지 문제점을 발견했다. 어떤 마을을 가든 마을 주변에 있는 들판에 나갔을 때 배변이 더 많다는 것이다.

카말카 박사는 문제 파악을 위해 마을 답사를 시작했다. 처음엔 잡담을 나누며 시간을 보내다 충분한 인원의 마을 사람들이 모이자 본격적인 답사를 시작했다. "똥은 어디다 싸죠?" 그가 묻자 마을 사람들은 배변을 하는 공용지를 가리켰다. 거기에 똥을 싼 사람들이 누구인지 묻거나 색에 대한 별 볼 일 없는 질문을 이어가다가 똥 무더기에 있는 파리에 사람들의 이목을 집중시키며 말했다. "평소에도 이렇게 파리가 많나요?" 주민들이 고개를 끄덕이자 똥을 쪼아 먹는 닭을 가리키며 "저런 닭도 잡아먹나요?"라는 질문을 던졌다.

카말카 박사는 시종 객관적인 질문만 할 뿐 자신의 의견이나 감정을 말하지 않았다. 답사를 끝내고 모인 주민들에게 바닥에 마을의 지도를 간단히 그려달라고 말한 후 노란색 분필을 가져와 배변을 보는 자리에 분필로 표시하게 했다. 지도에 표시가 늘어날수록 마을 사람들은 점차 자신의 집 주변에 많은 배변이 몰려 있음을 알게 된다.

박사는 이쯤에서 멈추지 않고 진행자에게 물 한 잔을 부탁한 후 한 여성에게 그 물을 마실 수 있냐고 물었다. 그렇다고 대답한 그녀에게 머리카락을 하나 뽑아 분필로 표시한 가짜 배변 무더기에 머리카락을 문지르고 물이 담긴 컵에 넣어 휘저었다. 그리고 다시 물을 권유하니 그녀뿐 아니라 마을사람 모두가 마시기를 거부했다. 박사는 의아한 표정으로 음식에 파리가 앉아 있는 걸 보았으면 그 음식을 버리느냐고 다시 한 번 물었다. 정적이 흘렀다.

야외 배변 같은 위생문제가 있을 때 많은 국제기구가 설비 문제로 간주하고 충분한 설비만 갖추면 해결된다고 생각한다. 손 씻기도 마찬가지다. 한 손에 있는 세균은 평균 6만 마리다. 꼼꼼히 손을 씻는 것만으로 세균의 99%를 없애 감염병을 예방할 수 있다. 만약 지금 내 손에 있는 세균을 직접 볼 수 있다면 어떨까? 손 씻기 캠페인을 따로 하지 않아도 정성들여 손을 씻을 것이다.

방글라데시 사람들도 야외 배변이 지저분하고 불쾌한 환경을 만든다는 것을 충분히 알고 있었다. 하지만 그 심각성에 대해서는 제대로 인지하지 못했고 그래서 감정의 변화가 일어나지 않았다.

한 일을 기록함으로써 어떻게 시간을 보냈는지 눈으로 확인하면 감정 변화가 일어난다. 이를 알리고 성장을 도모하고 싶다. 이것이 내가 책을 쓰기로, 앱을 개발하기로 결심한 이유다. 인지하는 데 그치지 말고 감정 변화와 함께 행동하여 성장하길 바란다.

할 일이 아닌 한 일을 기록하라

행동 변화를 위한 준비 세 가지

꿈이 없는 사람은 슬픈 사람이다.
그러나 꿈만 있는 사람은 더 슬픈 사람이다.
- 이민규 -

누구에게나 꿈은 있다. 하지만 대부분 그 꿈을 이루지 못한다.
그 답을. 그 이유를 당신은 알고 있다.

자신의 삶을 변화시키고 싶다면 세 가지만 알면 된다. 다른 것들은 천천히 실행해도 늦지 않다. 세 가지 준비만 마쳐라. 만약 이것도 버겁다면 로또 당첨 확률로 꿈이 이루어지기만을 바라보고 살 수밖에 없다.

자신이 한 일을 기록하라

활동하는 시간 동안의 행동을 기록한다. 자신이 한 행동과 버려지는 시간을 눈으로 확인한다. 인터넷 서핑과 스마트폰 검

색에 얼마나 많은 시간을 사용하는지, 업무시간에 업무 외 사적인 행동을 얼마나 하는지, 출퇴근 시간에는 무엇을 하는지, 자유로운 시간에는 무엇을 하는지를 파악한다.

"기록을 보니 내가 무의미하게 보낸 시간이 너무 아깝다. 무엇을 하면 좋을까? 거기에 독서나 외국어 공부 같은 나에게 좋은 힘이 되는 것을 넣자!", "나는 인스타그램을 하면서 즐거움을 느끼는걸? 지친 하루의 스트레스를 날려버리는 거라고." 하고 이런저런 생각이 들 것이다.

한 일에 대한 평가를 할 필요는 없다. 하루를 어떻게 보냈는지 객관적으로 바라보고 느껴보는 것이 우선이다. 자신의 행동을 기록하면서 많은 생각이 들 것이다. 처음에는 단순히 행동을 바꾸는 데 집중하지만 나중에는 잘못된 행동의 원인에 대해 생각해보게 될 것이다.

빠른 변화보다 잘못된 행동의 원인을 찾아 제거하는 데 중점을 두어야 한다. 그것이 나에 대해 알아가는 첫 번째 준비다. 이 시간을 거치지 않으면 다른 것들은 무의미하다. 천천히 자신을 느끼고 알아가자.

자신에 대해 깊이 알수록 목표도 분명해질 것이다. 목표가 분명해질 수밖에 없는 이유는 '진정으로 내가 원하는 게 있는지',

'있다면 그것은 무엇인지', '왜 그것을 원하는지'가 확실해지기 때문이다.

비우고 멀리하라

행동의 기록 안에는 분명 자신이 하고 싶지 않은 행동이 있을 것이다. 시간대별로 하는 행동, 같은 장소에서 하는 행동, 그저 습관적으로 하는 행동 중 없애고 싶은 일을 조금씩 멀리해라. 지우고 싶은 행동을 많이 선택해도 상관없다. 한 번에 그만둘 생각하지 말고 천천히 멀리하는 것이 중요하다.

비우는 것만큼 중요한 것이 채워 넣는 것이다. 대부분의 사람이 빈 시간을 발견하면 곧바로 새로운 것을 넣으려고 하지만 조급해할 필요가 전혀 없다.

새로운 것을 넣지 말고 비우는 데 집중해야 한다. 비우는 행동 하나도 많은 의지가 필요한데 거기에 새로운 것을 바로 채워 넣으려다 무리할 수 있다. 일단 비우고 멀리하는 데 집중하면 오히려 최종 목표를 위한 발걸음이 빨라질 수 있다.

원래 행동에 가치를 넣어라

원래 행동의 가치를 넣는 좋은 방법으로 출퇴근 시간 활용이 있다. 대중교통을 이용해 출퇴근한다면 그 시간에 독서를 하거나 하루의 일과를 계획하는 데 사용하면 좋다. 집중하기 어려운 환경이라면 간단한 이메일 확인 및 답신을 한다. 나는 출퇴근 시간을 독서와 자격증 취득을 위한 시간으로 활용한다. 독서와 자격증 취득은 스마트폰으로 가능하기 때문이다. 만약 차를 이용하여 출퇴근한다면 강의나 외국어 공부용 CD를 들으면 좋다. 책이나 좋은 글귀를 읽어주는 앱을 이용해도 도움이 된다.

출퇴근 시간 활용이 어렵다면 점심시간을 이용하는 것도 괜찮다. 무의미하게 사용하던 시간에 하나의 행동을 추가하여 의미 있는 시간으로 바꾸어보자. 따로 새로운 시간을 확보하지 않고도 좋은 변화를 유도할 수 있다.

할 일이 아닌 한 일을 기록하라

1시간 단위로 한 일을 기록해
목표를 상기한다

꼭 해야 할 일부터 하라.
그다음에 할 수 있는 일을 하라.
- 성 프란체스코 -

당장 할 수 있는 일, 쉬운 일은 어렵지 않다.
어려운 것이 아니다. 꼭 해야 하는 일이 당신의 성장을 돕는다.

경제적인 성장, 개인적인 성장, 구성원과의 커뮤니케이션 능력 향상, 더 나은 근무조건 등 저마다의 이유로 자기계발을 하는 사람이 많다. 시간 관리, 습관, 독서, 리더십, 공부법, 언어 등 다양한 분야의 자기계발 도서 중 자신에게 필요한 지식을 찾아 습득한다.

그런데 책에 나온 방법대로 계획하고 따라 해봐도 꾸준한 행동으로 이어가기가 쉽지 않다. 행동을 바꾸는 게 본래부터 쉽지 않은데 빠른 결과를 얻고자 초반에 무리해서 금세 지쳐버리는 게 가장 큰 이유다. 열정이 앞서서 변수를 생각하지 못한 채 감당하기 어려운 목표를 설정했던 것이다.

자기계발에 성공해 성장하기 위해서는 행동을 지속적으로 유지해야 한다. 몸에 밴 행동 대신 새로운 행동을 습관화하려면 꾸준함이 필요하다. 그러려면 목표 확인을 지속적으로 해주어야 한다. 예를 들어 팔굽혀펴기 하루 10회, 하루 5잔 이상 물 마시기 등의 목표를 잡았다고 하자. 아무리 시간이 없더라도 1분이면 할 수 있는 쉬운 행동이지만 언제든 할 수 있는 일들이기 때문에 쉽게 미루거나 잊어버린다. 1분이 아닌 10분이 소요되는 일도 마찬가지다. 목표가 크든 작든 관심을 두고 지속적인 피드백이 있어야 성취와 발전이 있다.

1시간 단위로 한 일을 기록하면 목표를 지속적으로 상기할 수 있다. 목표를 지워버리지 않는 한 계획했던 일을 기록하고 실행 여부를 확인할 수 있다. 그렇게 새로운 행동은 점차 습관으로 자리 잡게 되는 것이다.

어떤 이는 1시간마다 행동을 기록하는 것 자체가 일이라고 말할지도 모른다. 하지만 조금만 궁리하면 어떻게든 간단히 기록할 수 있다. 기록 여부에 따라 결과가 확연히 다르다.

하루 동안 늘 손닿는 곳에 두는 스마트폰을 이용하면 좋다.

스마트폰을 터치하고 어떤 앱을 실행할 때 무의식적으로 이루어질 정도로 이미 스마트폰은 일상에 깊이 자리 잡았다. 메모 앱을 하나 정해 기록하면 크게 어렵지 않을 것이다.

앱을 실행해 기록을 보고 목표를 확인하면 '왜 꿈을 이루어야 하는지'를 상기할 수 있다. 앞에서도 언급했지만, 나는 사람들이 손쉽게 한 일을 기록하고 확인할 수 있도록 메모 앱 '타임카이'를 개발했다. 웹(www.timekai.co.kr)에 회원가입을 하면 타임카이에 일정 등록을 할 수 있다. 다운로드하여 시간을 관리하는 데 활용하기 바란다.

바라는 목표를 이루었을 때를 생각하며 두근거림이 생기면 그것은 훌륭한 동기 부여가 된다. 선순환이 이루어지면 목표 달성이 더 앞당겨질 가능성이 높다.

타임카이

나 자신과의 약속도
최선을 다해 지켜라

아무리 보잘것없는 약속이라도 상대방이 감탄할 정도로
약속을 지켜야 한다. 신용과 채면 못지않게 약속도 중요하다.
- 카네기 -

내가 어떤 사람인지 말하기는 쉽다.
내가 어떤 사람인지 보여주는 것은 어려운 일이다.

인간은 각자의 분야에서 정해진 약속을 이행하며 살아간다.
약속 이행 여부에 따라 평가당하고 그 결과는 믿음, 배신, 진실,
거짓, 신용 등으로 표현된다.

그중 시간 약속이 있다. 친구와 만나기로 한 시간, 회사와 노
동을 제공하기로 한 시간, 신용카드 대금 및 대출 이자를 납부하
기로 한 날짜, 학교에서 교육을 받기로 한 시간 등이다.

그다음은 목표가 결합된 시간 약속이 있다. 대부분의 기업
은 당해 목표는 물론이고 분기, 월, 주, 일별로 목표를 세우고 계

할 일이 아닌 한 일을 기록하라

획대로 실행한다. 학생은 시험, 과제 등이 이런 약속에 해당한다. 이외에도 법이 결합된 시간 약속이 있다. 세금, 급여 등이 이런 약속에 속한다.

인간은 시간 약속을 지키기 위해 최선을 다해 살아간다. 당신이 친구와의 약속 시각도 회사 목표 달성도 법에 대한 약속도 지키지 못했다면 반성과 사과를 하거나 그에 상응하는 페널티를 받는다.

하지만 자기 자신에 대한 약속은 대부분 지키지 않는다. 어겼을 때 반성이나 사과도 제대로 하지 않는다. 처음 본 사람이나 친하지 않은 사람과의 약속도 지키기 위해 최선을 다하면서나 자신과의 약속은 가장 하찮게 생각한다.

나 자신과의 약속을 지키지 못했다고 불이익이 있는 것은 아니다. 남들이 자신을 보는 시선이 달라지는 것도 아니다. 그러다 보니 오직 자신만이 아는 결과이기에 아무런 영향도 없다고 생각한다. 하지만 이는 분명한 착각이다.

남들은 알 수 없을지 몰라도 무의식은 이를 모두 기억하고 있다. 그렇게 축적된 데이터를 통해 행동을 예측하고 예전과 같은 결과로 이끌어간다. 새해마다 계획하는 약속이 지켜지지 않는 이유도 매일 늦잠을 자는 이유도 바로 그 때문이다.

나 자신과의 약속이라도 지키지 못할 약속은 애초에 하지 말아야 한다. 약속을 했다면 지키기 위해 최선을 다해야 한다. 이제부터라도 자신과의 약속에 대한 성공률을 높이자. 그럴수록 자기 자신은 물론 생활의 전체적인 발전도 동시에 이룰 수 있을 것이다.

한 일 기록으로 내게 주어진 시간을
확실히 인지한다

행복은 습관이다. 그것을 몸에 지녀라.
- L. 론 허버드 -

습관을 바꿀지 말지는 당신이 가장 잘 알 것이다.
모든 선택과 결과는 모두 당신 몫이다.

변화의 핵심은 행동습관을 바꾸는 것이다. 이때 분석보다는
감정이 더욱 중요하게 작용한다. 상대방을 설득하기 위한 자료
를 발표한다고 해보자. 각종 그래프, 적용 사례, 통계자료 등 객
관적인 자료를 토대로 상대방을 설득할 것이다. 하지만 설득할
때 객관적인 자료보다 감정에 중점을 두면 더 효율적인 경우가
적지 않다.

특히 커다란 변화가 필요한 상황이라면 객관적인 분석보다
감정이 움직였을 때 행동습관이 바뀐다. 흡연의 문제점과 금연

의 필요성을 충분히 인지하고 있으며 인스턴트 음식이 몸에 해롭다는 것을 알고 있다. 환경오염 방지를 위해 자가용보다 대중교통을 이용하는 것이 환경에 도움을 준다는 사실 또한 알고 있으면서 잘 지키지 않는다. 문제에 대해 충분히 인지하고 있지만, 변화를 위한 행동을 이끌기에는 부족한 것이다.

마케팅에서도 제품의 차별화보다 소비자의 감정을 사로잡아 수익을 내는 경우가 많다. 멋진 디자인과 기능만으로 소비자들을 사로잡기는 어려운 시대다. 감정 마케팅은 특정 대상이나 브랜드에 특별한 감정을 전달하여 원하는 행동을 유발한다. 이때 기쁨, 즐거움, 행복, 감사 같은 긍정적인 감정뿐 아니라 슬픔, 좌절, 고통 같은 부정적인 감정으로도 행동을 유발할 수 있다.

행동 변화를 위해 객관적인 통계와 감정을 적절히 조절해야 한다. 시간 기록은 단순한 통계가 아니다. 생각과 감정을 변화시키는 계기가 될 것이다.

자신에게 시간이 부족하지 않음을 기록으로써 인지하면 부정적인 감정과 긍정적인 감정이 생긴다. 처음에는 자신이 시간 활용을 제대로 하고 있지 못했다는 후회, 효율적인 방향으로 시간을 사용하고 싶다는 초조함 등 부정적인 감정을 갖지만 시간

이 지날수록 변화하고 있다는 행복감, 할 수 있다는 자신감, 목
표를 달성했을 때의 희열 등 긍정적인 감정이 된다.

강한 의지력이 없어도
목표 달성할 수 있는 비결

1온스의 행동은 1톤에 맞먹는 가치가 있다.
- 랠프 월도 에머슨 -

현재의 나는 내가 반복적으로 하는 행동의 결과다.
가치는 생각이 아니라 행동이며 습관이다.

세상에 성공으로 이끄는 도구는 많다. 그런데 이를 사용하지 않는 이유는 무엇일까?

첫째, 단기간의 성과를 볼 수 없어서다. 몸을 가꾸기 위해 운동을 시작한다고 가정해보자. 헬스장에 등록하고 일주일 중 평일에만 운동하기로 마음먹었다. 언제나 시작은 좋다. 한두 달 가지고는 원하는 몸을 만들 수 없다. 중간중간 변화하는 모습을 발견하기도 힘이 든다. 그러면 점차 하나둘 변수가 생긴다. 귀찮음, 저녁 약속, 야근, 데이트 등 방해요소에 한두 번 타협하는 순간 어느새 헬스장을 안 간 지 오랜 시간이 지났음을 깨닫는다.

둘째, 시간이 없어서다. 자신을 발전시키는 일에는 항상 시간이 없다고 말한다. 친구들과의 술자리, TV 시청, 늦잠 등 아주 달콤하지만 득이 되지 않는 일은 시간을 만들어서라도 하면서 운동, 명상, 독서 등 자신의 발전을 위한 일에는 유독 시간이 없다. 참 아이러니하지 않는가?

셋째, 의지력이 고갈되어서다. 어떤 목표를 세웠을 때 처음에는 불에 휘발유를 부은 것처럼 활활 타오르지만 며칠도 가지 못한다. 목표를 완수할 만큼의 의지력이 없는 것일까.

시간 기록은 세 가지 방해요소에 영향을 받지 않는다. 1시간마다 한 일을 스마트폰에 기입하면 된다. 하루의 일과를 일목요연하게 정리한다. 이것이 쌓이면 일별, 주별, 월별 다이어리 형태로 발전 여부를 즉시 확인할 수 있다. 시간이 없다는 핑계도 없애준다. 기록해보면 알겠지만, 많은 시간이 있었음을 알 수 있게 된다. 목표를 이룰 수 없는 이유는 바로 행동하지 않았기 때문임을 깨닫게 해준다.

나는 1시간 단위로 스마트폰 알람을 설정해둔다. 알람이 울리면 내가 1시간 동안 한 일을 기록한다. 그런데 종종 스마트폰에 입력할 만한 일을 하지 않았을 때가 있다. 분명 무엇인가를 했지만 적을 수 없는 것이다. 이땐 휴식이라고 입력한다.

휴식이라고 입력하면서 반성한다. 1시간 동안 내가 기록할 것이 없다는 것, 앞으로도 휴식이라고 쓸 시간이 생길 것에 대한 반성이다. 보고 있던 TV를 끄고 무엇을 할까 생각했고 계획에 적혀 있던 운동, 독서를 발견했다. 둘 중 좀 더 쉬운 일을 결정하고 실행했다. 1시간 뒤 알람이 울렸을 때 당당하게 운동이라고 입력할 수 있었다.

항상 의지로 가득하다면 한 일을 기록할 필요도 없다. 굳이 기록하지 않아도 목표했던 일을 해낼 것이기 때문이다. 하지만 의지력은 소모성이다. 나는 1시간 단위로 한 일을 기록함으로써 강한 의지력 없이도 하고 싶은 일을 이루며 살고 있다.

할 일이 아닌 한 일을 기록하라

꿈으로 향하는 여정은
고되지만 행복하다

노래를 부르지 않으면 들리지도 않는다.
하지만 그것은 얼마나 어리석은가!
- 올리버 골드스미스 -

행동하지 않으면 아무 일도 일어나지 않는다.
아무런 변화도 없는 모습은 당신이 원하던 모습은 아닐 것이다.

대부분의 사람이 행복은 자신의 꿈과 목표를 이루는 데 있다고 생각한다. 하지만 옳은 목표가 아니라면 그 어디에도 행복은 있을 수 없다. 혹여 목표를 이루었다고 해도 과욕으로 더 큰 나락으로 떨어질 수 있기 때문이다.

욕심에 사로잡힌 사람은 타인의 배려를 자신의 행복을 위해 이용한다. 잘못된 목적을 달성하기 위한 계획은 잘못된 행동을 동반할 수밖에 없다. 뉴스에 나오는 국회의원이나 사업가 불법 도박 사이트를 운영하는 사람들을 봐도 알 수 있다. 이런 식의 성공은 절대 행복을 부를 수 없다.

예전에 딸의 장례식장도 안 갈 정도로 도박중독에 빠진 자수성가 사업가에 대한 뉴스를 접한 적이 있다. 그가 카지노에 첫발을 들여놓은 것은 2003년으로, 사업을 정리한 뒤 잠시 휴식기를 가지고 있을 때였다. 가죽 제품 가공업체를 운영한 견실한 중소기업인이었던 그는 당시 화투도 칠 줄 몰랐다고 한다. 사업을 시작했을 땐 화물 운송비가 아까워 50kg이 넘는 견본 제품을 직접 들고 다니며 영업을 했고, 은행 이자가 아까워 무차입 경영을 고집했다. 도시락으로 점심을 해결할 정도로 검소한 생활을 했던 그였다.

그러나 우연히 찾았던 카지노에서 카드 게임의 일종인 '바카라'로 돈을 잃게 되자 자신도 모르던 마성이 드러나기 시작했다. 아깝게 비껴가는 승부를 경험하면서 그는 재미보다 오기로 게임에 빠져들었다.

그러던 어느 날, 결혼 후 미국에 살던 큰딸이 교통사고로 숨졌다. 하지만 그는 미국행 비행기에 오르지 않았다. 카지노에 머물기 위해서였다. 가족에겐 "몸이 아프다"는 핑계를 댔다. 그렇게 딸의 장례식장에도 가지 않은 채 도박을 했던 것이다.

돈과 명성만 보면 그는 자수성가한 멋진 사업가였다. 하지

할 일이 아닌 한 일을 기록하라

만 잘못된 길로 들어선 순간 전부 무너져버렸다. 행복을 결과에서 찾으려고 하지 말자. 목표 달성이 성공을 가져올 확률은 높지만, 거기에 만족하는 삶은 위험하다.

결과가 아니라 행동에서 즐거움을 찾아야 한다. 인정받고 달성하는 것이 아니라 성장하고 있고 옳은 일을 하고 있다는 데 목적을 두어야 한다. 일하는 목적과 행동에 초점을 둔다면 행복 또한 결과에 상관없이 곁에 있을 것이다. 부디 옳은 목표를 설정하고 그것을 이루는 과정에서 행복을 찾길 바란다.

진짜 휴식을 즐기는 법

자기 영혼의 재산을 증식시킬 시간이 있는 사람은 참 휴식을 즐기는 사람이다.
- 헨리 데이비드 도로 -

도약하기 위해 필요한 것은 웅크림이다. 웅크리지 않고는 도약할 수 없다. 웅크림은 시간 낭비가 아닌 휴식이며 회복이다.

한국은 2018년부터 주당 법정 근로시간을 기존 68시간에서 52시간(법정 근로 40시간+연장근로 12시간)으로 단축했다. 주52시간이 되면서 '워크 앤 라이프 밸런스'의 약어인 '워라밸'이 키워드로 떠올랐고 퇴근 이후와 주말시간에 취미활동이나 자기계발을 하는 직장인이 늘었다.

몸을 혹사해가며 회사 업무에 파묻혀 지내지는 않더라도 여전히 많은 직장인이 제대로 휴식하는 법을 모르는 듯하다. 주말이나 휴일엔 뭘 했는지도 모르게 빨리 지나가버리고 금방 월요 일이 찾아온다. 누적된 피로를 해소하지도 못하고 출근길에 오른다.

스트레스가 쌓이면 매사에 무기력해지고 의욕 상실 상태가 된다. 업무 효율이 떨어지면 때에 따라 연장 근무를 할 수밖에 없게 되어 악순환이 생겨버린다. 이를 방지하기 위해서라도 제대로 휴식하는 법을 알아야 한다.

휴식을 취한다며 주말 내내 잠을 자거나 TV만 시청하며 보낸다고 에너지가 충전되는 것은 아니다. 휴식 시간이 길어야 재충전할 수 있다고 생각하지만, 휴식 시간이 몇 시간인지보다 어떻게 보내느냐가 중요하다.

휴식 시간은 즐거운 일로 채워야 한다. '스트레스가 전혀 없지만 즐거움도 없는 일'보다는 '스트레스가 조금 있더라도 즐거움이 많은 일'을 선택하는 것이다.

이때 평소 내가 관심이 있는 취미생활을 하면 제일 좋다. 그동안 몰입했던 대상(업무)과는 전혀 다른 방향에 집중해보는 것이다. 그 안에서 즐거움을 느끼는 순간 진짜 피로는 싹 사라지고 재충전이 되리라.

5장

1시간 단위
기록으로
나는 25시간을 산다

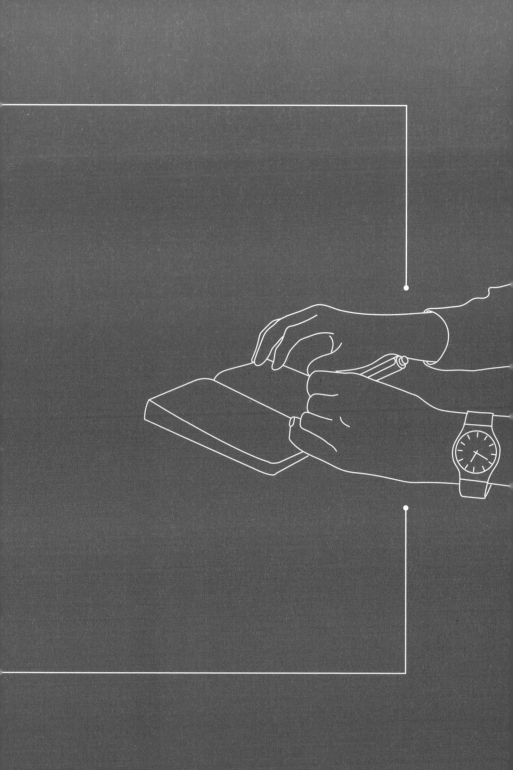

한 일을 기록하여
시간 부자가 되었다

당신은 지체할 수도 있지만,
시간은 그러지 않을 것이다.
- 벤자민 프랭클린 -

지금으로부터 1년 뒤 당신은 오늘 시작하지 않은 것을
후회하게 될 것이다.

　한 일을 기록한 덕분에 내게 생각보다 많은 시간이 주어졌음을 알 수 있었다. 예전에 나는 시간이 없다는 말을 입에 달고 살았는데 막상 기록해보니 시간이 없는 게 아니라 어영부영 보내는 시간이 많았던 거였다. 무의미하게 보낸 시간은 대략 70분이었다. 무엇으로 채워 넣을지 고민했고 1시간의 독서와 블로그와 SNS 글쓰기를 하기로 했다.

　점점 재미가 붙어서 의미 있게 보낼 만한 시간이 또 없을지 찾아보게 되었고 출퇴근 시간이 눈에 들어왔다. 나는 출퇴근 시간으로 하루 3시간을 소비한다. 주로 쪽잠을 자거나 스마트폰을 들여다보는 데 사용했는데 그 시간이 아깝다는 생각이 들었다.

그 시간을 '내가 하고 싶은 일을 하는 시간'으로 만들기로 했다. 한 일을 기록하고 나서 겪은 변화를 다른 사람들에게 알리고 싶은 마음이 들었고 이를 위해 무언가를 만들기로 마음먹었다. 그리고 책 쓰기와 애플리케이션 제작을 생각해냈다. 기회만 된다면 책을 쓰고 애플리케이션을 만들고 싶던 차였다. 작가가 되고 애플리케이션 개발자가 될 날을 상상하니 가슴이 두근거렸다.

출퇴근 시간 3시간을 애플리케이션 제작에 사용했다. 그런데 책을 쓸 시간은 따로 확보해야 했다. 퇴근 후 저녁 시간에는 일정에 변동이 생길 여지가 있어서 규칙적이고 긴 호흡으로 집중할 수 있는 시간이 필요했다. 그래서 기존에 없던 새벽 시간을 만들어 활용하기로 했다.

처음에는 쉽지 않았다. 나는 저녁형 인간이어서 아슬아슬할 때까지 자다 출근했기 때문이다. 회사 동료들이 내가 회사에 도착하면 모든 직원이 다 출근했다고 생각할 정도로 아슬아슬한 출근을 10년간 이어왔다. 새벽 기상은 이전에도 시도한 적이 있었다. 매번 실패했기 때문에 시작도 하기 전에 스트레스가 밀려

왔다. 성공하는 모습보다 실패하는 모습이 떠올랐기 때문이다.

그러다 『일찍 일어나는 기술』(후루카와 다케시 지음, 김진희 옮김, 매일경제신문사, 2016)이라는 책을 발견했다. 말 그대로 일찍 일어나기 위한 비결에 대해 기술한 책인데 여기서 중요한 힌트를 얻게 되었다. 그건 바로 일찍 일어나기 위해서는 일찍 잠들어야 한다는 것이다.

원인이 잘못되었는데 좋은 결과가 나올 리 없다. 일찍 잠들지 않으면서 일찍 일어나려고 하니 그에 대한 부정적 감정만 들고 하루의 리듬이 깨져버리는 것이다. 그래서 습관이 형성되기 전까지 일찍 일어나기 위해선 일찍 잠들어야 한다.

이후로 나는 중요한 일과가 없으면 11시 이전에 잠자리에 든다. 새벽 5시에 일어나 2시간을 확보하는 데 성공했다. 그 시간 동안 책을 썼다. 새벽 시간을 내 시간으로 만들지 않았다면 이 책은 아직도 미래의 목표에 머물러 있었을 것이다.

같은 시간이라도 활용능력에 따라
결과가 달라진다

어떤 사람이 하는 일이 성과가 없다면
그것은 엉뚱한 문제를 푸는 데 시간을 낭비하기 때문이다.
- 로버트 스텐버그 -

꾸준함은 결과를 만든다. 혹시 예상과 다르다면
당신의 꾸준한 행동은 잘못된 것이다.

자격증 취득을 위해 관련 학원에 한 달 과정으로 등록했다. 하루에 2시간 수업을 듣고 1시간 개별 공부를 했는데도 필기시험에 매번 떨어졌다. 남들은 3~4주 공부하면 충분하다는 1차 시험을 2년 가까이 떨어졌다. 개별 공부는 건너뛰어도 학원은 분명히 다녔기에 적어도 매일 2시간은 공부한 셈이다. 그런데도 1차 시험 통과의 맛을 보지 못했다.

'남들보다 뒤처지기 싫어서 술자리도 마다하며 공부했는데 왜 나는 1차 시험조차 붙지 못하는 걸까?' 하고 답답한 마음이

　　　　　　　할 일이 아닌 한 일을 기록하라

들면서 그 후 2년간 자격증 시험을 보지 않았다. 헛수고라는 생각이 들었기 때문이다. 하지만 전문 직종에 종사하면서 자격증 취득을 안 할 수는 없었다. 동료 대부분이 자격증을 취득한 데다 회사에서 원했기 때문이다.

나는 어쩔 수 없이 다시 공부를 시작했다. 이번에는 학원에 등록하지 않고 혼자서 과년도 문제를 풀었다. 저녁 퇴근 후 회사에 남아 6시 30분부터 8시 30분까지 공부했다. 시작한 지 일주일 정도 지났을까? 그날 푼 문제를 다시 훑어보면서 하루에 푼 문제의 양을 가늠해봤다.

그날 내가 2시간 동안 푼 문제는 1개년도의 양이었다. 1개년도 문제는 30분 정도면 충분히 풀 수 있는 양이다. 난 분명 2시간 동안 했는데 그 결과는 30분치밖에 되지 않는 것이다. 상당한 충격이었다.

'저녁 시간도 반납하고 2시간 동안 자격증 취득 준비를 하는데 결과는 남들 30분 공부한 만큼밖에 못 풀다니….'

무엇이 잘못돼도 한참 잘못되었다고 생각했다. 다음 날부터 나는 2시간 동안 내가 무엇을 하는지 기록해보았다. 내가 공부에 투자한 시간은 2시간이 아니라 1시간이었다. 그것조차 집중하지 않았다. 구체적으로 적어보면 이렇다.

처음 10분은 집중을 위한 스트레칭으로 보내고 10분은 오늘 공부할 분량을 확인했다. 그 후 문제지를 풀기 시작했고 1개년도의 문제를 끝마쳤다. 난 휴식차 스마트폰을 켰고 게임, SNS, 인터넷 서핑을 하는 데 30분 가까이 시간을 보냈다. 그 후 남은 시간은 20분이 안 됐다. 그 시간에는 1개년도 문제도 풀지 못하니 그냥 틀린 문제를 확인하는 시간으로 마무리한 것이다.

나는 다시 계획을 짰다. 하루 목표를 2개년도의 문제 풀이와 검토로 잡았다. 그리고 퇴근 후 남아서 하는 방식을 바꾸었다. 집에서 회사까지는 1시간 30분이 걸렸다. 대중교통을 갈아타고 걸어가는 시간 30분을 빼면 딱 1시간이다. 1시간에 1개년도 풀이와 검토가 가능하므로 아침저녁 출퇴근 시간을 활용하기로 했다. 출근할 때 1개년 문제 풀이와 검토를, 퇴근할 때 1개년 문제 풀이와 검토를 했다. 그리고 저녁 1시간 동안 그날 못 푼 문제를 풀거나 틀린 문제를 검토했다. 공부 방식을 바꾼 후 치른 1차 시험에서 당당히 합격했다.

2차 시험은 조금 다르게 진행했다. 암기 과목 공부와 문제 풀이로 나누었다. 출퇴근 시간에는 암기 과목을 공부했고 저녁 1시간에는 문제를 풀었다. 이전보다 힘은 덜 들면서도 효율은 높아졌다. 그 덕분에 2차 시험에도 합격해 자격증 취득을 할 수

할 일이 아닌 한 일을 기록하라

있었다. 그리고 같은 방식으로 공부하여 자격증 개수를 늘려가
고 있다.

시간이 없는 것은
관리에 실패했기 때문이다

삶이 있는 한 희망은 있다.
- 키케로 -

삶이 있다는 것은 늦지 않았다는 것이다.
아직 늦지 않은 시간 속에서
당신이 하고 싶은 일은 무엇인가?

　시간이 없다는 말은 현대인의 관용어가 된 지 오래다. 하루 중 대부분의 시간을 보내는 곳에서 어떻게 시간을 사용하느냐에 따라 '바쁘다' 혹은 '여유 있다'로 만족도가 달라진다.

　직장 생활을 하다 보면 자신이 맡은 업무 이외의 일도 처리해야 할 때가 있다. 동료의 도움 요청이라든지 누군가를 꼭 집어 위임하기 어려운 업무 등이 여기에 속한다. 업무 외적인 일을 나서서 맡겠다고 말하는 사람은 칭찬받을 만하다. 하지만 대부분은 "NO"라고 말하지 못해 마지못해 떠맡는다.

주5일 근무시간에 맞춰 업무 계획을 세웠는데 갑자기 추가된 업무로 야근하거나 주말까지 일한다. 더 안타까운 것은 그렇게 시간을 들였음에도 업무 과부하로 완성도는 떨어진다는 것이다. 이런 상황은 사람을 지치게 할 뿐 아니라 자기계발, 취미 활동, 부모님 및 친구와의 만남 등 재충전할 수 있는 개인 시간까지 빼앗는다.

넘쳐나는 업무로 지쳐 있다면 지금 하고 있는 업무를 한번 점검해볼 필요가 있다. 자신의 직책에 맞는 업무와 그렇지 않은 업무를 확실히 구분해야 한다. 감당하기 어려운 일, 누구나 할 수 있는 잡다한 일, 직책에 맞지 않는 일이라면 굳이 떠안을 필요가 없다.

감당하기 어려운 일은 대개 책임져야 하는 사람이 명확하게 구분되어 있어 굳이 당신이 나서지 않아도 된다. 동료의 부탁으로 일을 대신 해주는 것은 결코 좋지 않다. 효율적인 대응책을 제시해주는 것으로 그쳐야 한다. 부탁한 일을 함께 끝내더라도 분명 또 다른 문제를 가져와 안길 것이다.

단순히 오전과 오후로 나뉘어서 일을 진행하면 예상치 못한 변수가 발생해 완료시간이 늦춰질 수 있다. 해야 할 일이 있으면 데드라인을 설정해야 한다. 데드라인은 말 그대로 더 이상

넘길 수 없는 최종적인 한계를 말한다. 대부분의 사람은 최종 기한에 가까워질수록 집중도가 높아지는 경향이 있다. 데드라인을 설정하면 그 일에 집중해 능률을 높일 수 있다.

하지만 데드라인을 정해놓고 일을 무작정 시작한다면 원치 않는 책임감과 의무감으로 기한을 맞출지는 몰라도 결과의 질은 떨어지는 경우도 있다.

이와 관련하여 행동경제학자 댄 애리얼리는 MIT학생들을 대상으로 데드라인 효과 실험을 했다. 다른 학생들의 쓰기 능력을 평가한다며 학생들을 모집한 후 약 10페이지 분량의 자료에서 문법이나 철자가 틀린 것을 찾아내도록 했다. 오류를 바로잡으면 하나당 10센트를 주고 마감 기한에서 하루 늦을 때마다 1달러의 벌금을 내도록 했다.

A그룹은 마감기한을 정해주었고, B그룹은 7일에 한 번씩 3회 제출하도록 했다. C그룹은 스스로 마감기한을 정하도록 했다. 실험 결과 최종 마감기한을 한 번만 지정받은 A그룹은 마감 엄수와 질이 가장 나빴다. 7일에 한 번씩 3회 제출한 B그룹은 마감 엄수와 결과가 가장 좋았지만 노동의 감정은 가장 낮았다. 스스로 마감기한을 정한 C그룹은 마감 엄수 여부와 결과의 질 모두 중간이었다.

데드라인 효과를 극대화하기 위해서는 최종 단계만을 설정하는 것이 아니라 단계 중간에 몇 차례의 데드라인을 만들어 실행하는 것이 좋다. 한 번의 과정만으로 목표를 달성하기에는 어려움이 있다. 세분화된 계획을 세우고 중간중간 데드라인을 설정한다면 목표를 보다 더 효과적으로 달성할 수 있을 것이다.

지금 할 일의 중요도에 따라
우선순위를 정한다

바쁘고 안 바쁘고는 그리 중요하지 않다.
문제는 '무엇을 위해 바쁘냐'이다.
- 헨리 데이비드 소로 -

우리가 바쁜 이유는 어쩔 수 없이 해야만 하는
시간에 행동하기 때문이다.

직장 생활을 하다 보면 평소 게으름 피우던 사람이 갑자기 성실히 맡은 바를 수행할 때가 있다. 올해 진급 대상이거나 승진한 지 얼마 안 된 직원에게서 많이 포착되는 행동이다. 올해 진급 대상인 직원은 진급이라는 목표로 평소 찾아보기 힘들었던 열정을 1년간 지속한다. 막 승진한 직원은 회사가 자신의 가능성과 잠재력을 인정해줬다고 여겨 노력하는 모습을 보인다.

어찌 됐든 자신의 가치를 알리고 노력하는 모습을 보여주기 위해 기존과 달리 많은 시간을 투자한다. 가치를 알리기 위해서는 시간 투자가 불가피하다고 생각하기 때문이리라. 평소 8시간 근무로 지금과 같은 성과를 냈으니 더 나은 성과를 내려면 그보다 더 많은 시간을 들일 수밖에 없다는 생각에서다.

하지만 단순히 시간을 더 투자한다고 해서 성과가 좋아질까? 시간을 늘리는 것이 아니라 실력을 늘리는 것을 목표로 해야 하지 않을까?

자신의 목표 달성과 실력 향상을 위해 업무를 제거할 줄 알아야 한다. 하지 않아도 될 업무를 파악해 과감히 제거할 줄 알아야 한다. 하지 않아도 될 업무가 두 가지 이상만 되어도 중요한 업무들과 뒤섞여 현명한 선택을 방해해 중요한 업무를 후순위로 미루는 우를 범한다. 중요하지 않은 업무는 달성하는 데 시간이 적게 들며 빠른 완성도로 만족감을 주기 때문에 정작 해야 할 업무를 하지 않고 다른 곳에서 만족감을 얻는 것이다. 잠깐은 기쁠지 몰라도 시간이 지날수록 해결 못한 중요 업무 때문에 불안해진다.

해야 할 일이 산더미처럼 쌓여 있다면 일의 우선순위를 매겨라. 당장 하지 않아도 되는 일들을 지워버리고 중요한 일부터 먼저 처리하자. 중요한 일을 처리해 나가다 보면 중요하지 않은 일은 점점 일이라는 생각조차 들지 않을 정도로 손쉬운 일만 남게 되므로 점차 빠른 속도로 처리할 수 있을 것이다. 물론 성과 또한 몰라보게 달라질 것이다.

할 일이 아닌 한 일을 기록하라

시간을 쪼갤수록
효율적으로 활용할 수 있다

변명 중에서도 가장 어리석고 못난 변명은
"시간이 없어"라는 변명이다.
- 에디슨 -

인생은 기다려주지 않는다. 하고 싶은 것이 있다면
얼른 움직여라, 1년 뒤 똑같은 고민하지 말고.

하루 24시간이 모자라 더 많은 시간이 있으면 하는 사람도
있다. 하루가 30시간이나 40시간이면 진짜 원하고 의미 있는 일
에 시간을 투자할까? '하루가 50시간이었으면 좋겠다'라고 말하
지 않을까?

24시간은 세상 모두에게 똑같이 할당된다. 일상 속에서 무
의미하게 허비되는 시간 없이 사용해야 한다. 24시간을 30시
간이나 40시간이 주어졌을 때의 효용으로 활용할 줄 알아야
한다.

시간이라는 큰 통이 세 개 있다. 한 통에는 돌멩이를 가득 부었다. 그다음 통에는 모래를 가득 부었다. 그다음 통에는 물을 가득 부었다. 통에 들어 있는 내용물을 꺼내보면 물의 양이 가장 많을 것이다.

시간을 쪼개고 또 쪼개면 많은 일을 할 수 있다. 더 큰 통으로 바꿔서 해결하려 하지 말고 작은 통이라도 무엇을 어떻게 넣을지 궁리하면 결과는 크게 달라진다. 더 큰 통이 필요하다고 불평하지 마라. 일분일초를 허투루 쓰지 않는 것 외에 어찌할 도리가 없다.

시간이 부족해서 할 일을 못 하거나 꿈을 이룰 일을 나중에 하자고 생각하는 것은 아직 통 속에 돌멩이밖에 넣지 못하고 있기 때문이다. 당신의 통에 모래와 물을 채워라. 돌멩이를 쪼개는 일은 어렵지 않다.

출퇴근 시간에 차를 이용한다면 라디오 및 CD를 이용하여 외국어 공부를 하거나 암기과목을 공부할 수 있다. 버스나 지하철같이 대중교통을 이용한다면 독서나 신문을 읽을 수 있으며 하루 일과를 계획할 수도 있다. 평일 저녁이나 주말에도 분명히 여유 시간이 있을 것이다.

시간을 쪼개어 모래와 물을 넣고 마지막에 씨앗을 뿌려라.

할 일이 아닌 한 일을 기록하라

그러면 남들보다 시간을 효율적으로 활용해 많은 것을 얻게 될
것이다.

제삼자가 되어
내가 한 일을 분석한다

알고 난 뒤, 아는 것을 통해 배운 것이 진짜다.
- 존 우든 -

지금 있는 곳이 어디든 제대로 볼 줄만 안다면
언제든 다시 시작할 수 있다.
그것이 지금이길….

김 과장의 하루는 아침 7시 기상으로 시작한다. 준비하고 출근해서 회사에 도착하면 8시 30분 전후이고 9시부터 12시까지 오전 근무를 하고 점심시간 1시간 후인 오후 1시부터 6시까지 오후 근무를 한다. 특별한 약속이 없으면 집에 와 저녁 먹고 휴식을 취하다 잠든다. 김 과장의 입버릇은 '바쁘다', '시간이 없다'이다.

그런데 세상에 이 정도로 바쁘지 않은 사람은 없다. 똑같이 9시에 출근에 오후 6시에 퇴근하는 직장인 중에는 N잡을 가지고 있는 이도 부지기수다. 어떻게 그것이 가능한 것일까?

그들은 시간을 세분화해서 사용할 줄 안다. 가령 출퇴근 시간에 신문 보기, 독서, 강의 시청 같은 가치 있는 행동을 채워 넣는다. 출퇴근 시간, 점심 식사 같이 고정되어 있는 시간을 남다르게 활용하는 것이다.

보통은 자신이 하루를 어떻게 보냈는지 상세히 알지 못한다. 그저 몇 시간 단위로 묶어 그중 가장 기억에 남는 행동을 기억한다. 크게 묶은 덩어리로 시간을 대강 파악하기 때문에 시간이 없다고 말하는 것이다.

보이지 않던 시간을 찾아내기 위해서는 자신이 한 일을 세부적으로 기록해야 한다. 그 기록을 살펴보는 순간 전투를 관찰하고 계획을 세우는 사령관이 된다. 자신의 행동이 곧 병력이고 전투 지형이다. 이를 면밀히 분석해 멋진 전략을 세워야 한다.

자신만의 세상에 빠져 살지 마라. 3인칭 시점으로 자신의 시간과 행동을 파악하고 보이지 않던 시간을 찾아내라. 그 시간을 찾아내는 것이 전투에서 승리를 좌우하는 핵심이다.

집중력이 높은
최적의 시간을 파악한다

알아서 해가 되는 것이 아니라 알아야 해가 없다.
- 마크 트웨인 -

알았다면 어떻게 할지 계획하고 실행하라.
최선을 다하기 위해 노력하라. 노력하는 시간이 아깝다면
성공도 당신에게 오기를 아까워할 것이다.

같은 프로젝트라도 업무효율에 따라 1시간이 걸릴 수도 있고 2시간이 걸릴 수도 있다. 또 20분 내로 끝나는 단순한 업무 여러 개를 한 번에 몰아서 하면 오히려 전체 소요시간을 단축할 수 있다. 그러려면 집중력이 높은 시간을 파악해야 한다.

생활 패턴이 규칙적이면 파악하기 더 쉽다. 보통은 아침 출근 직후에 집중력이 높은데 사람에 따라 점심식사 직후나 퇴근 시간 전에 집중력이 높을 수도 있다.

가령 오전에 회의로 업무를 시작하는 경우, 회의에 오전 집

중력을 소진하는 경우가 많기 때문에 점심식사 이전에는 메일 확인 및 업체와의 통화와 같은 간단한 업무를 처한 후 나머지 시간에 집중하는 것이 좋다. 자신의 업무 효율이 높은 시간을 파악해 중요한 일, 창의력을 요하는 일을 그 시간에 처리하는 것이다. 짧은 시간에 간단한 일을 끝마치고 중요 업무에 시간을 들여 집중하면 보다 더 좋은 성과를 낼 수 있다.

또 휴식 시간을 어떻게 보내느냐 따라 업무 효율이 달라진다. 휴식 시간이 지나치게 길면 집중도를 잃기 쉽다. 직장 동료와 커피 한잔 하려다 이야기가 길어져서 일의 흐름이 끊겨 이전에 하던 일을 재검토하는 경우다. 휴식 시간이 너무 짧아도 문제다. 풀리지 않은 피로가 누적되어 치솟는 스트레스로 업무에 지장을 줄 수도 있다.

업무를 시작한 지 1시간이 지나고 15분이나 업무 끝나기 1시간 전의 15분에 휴식을 취할 때 가장 일의 집중력이 높다는 연구 결과가 있다. 또 점심시간에는 식사 후 30분 정도 휴식을 갖는 것이 좋다고 한다. 지금껏 5~10분의 자투리 시간을 스마트폰을 뒤적이는 데 사용했다면 그 시간을 한데 모아 다른 일에 사용해보자. 휴식, 자기계발 등 어떻게 활용하든 모아서 사용하는 편이 더 효율적일 것이다.

새벽 시간 활용에 도전해본다

혼히 사람들은 기회를 기다리고 있지만 기회는 기다리는
사람에게 잡히지 않는 법이다. 기회를 기다리는 사람이
되기 전에 기회를 얻을 수 있는 실력을 갖춰야 한다.
- 안창호 -

기회는 행동했을 때 그리고 준비됐을 때 다가온다.

뇌과학자 모기 겐이치로는 『아침의 재발견』(조해선 옮김, 비즈니
스북스, 2019)에서 다음과 같이 말했다.

"뇌는 활동하는 동안 모든 정보가 무작위로 쌓이게 되는
데 잠을 자는 동안 정보가 처리된다. 따라서 아침에 일어나면
뇌 속의 정보가 가지런하게 정리되어 있게 된다. 이 시간은 새
로운 정보를 받아들이거나 창의적인 작업을 할 수 있는 토대가
마련된 상태이다. 아침에 일어난 직후 약 3시간을 황금시간이

할 일이 아닌 한 일을 기록하라

라고 부르는데 이 시간을 어떻게 활용하는가가 인생을 바꿀 만큼 대단히 중요하다."

성공한 사람들은 대개 아침 시간을 허투루 보내지 않는다. 아침의 일과가 그날 하루의 성공을 결정짓는 것을 알고 있기 때문이다. 새벽 시간을 계획적으로 사용해 하루를 더 의미 있게 보내면 어떨까. 내가 새벽에 하는 일 세 가지를 소개한다. 이를 참고하여 새벽 시간을 설계해보길 바란다.

첫째, 하루를 계획한다. 회사 업무는 오전과 오후로 나누어 계획을 짜고, 퇴근 이후 일정도 짜둔다. 계획을 짜는 데에는 10분도 채 걸리지 않는다. 계획을 짜두면 돌발 상황에도 침착하게 대응할 수 있어서 정신적 소모를 줄일 수 있다.

둘째, 나를 위해 투자한다. 나를 위해 새벽 시간을 투자하려면 적어도 2시간은 확보해두어야 한다. 무언가에 집중하고 성과까지 확인하려면 최소 두 시간은 필요하다. 자격증 취득, 외국어 공부, 글쓰기, 창업 준비 등 나를 위한 무언가에 투자해보자. 다만, 확보 가능한 시간이 1시간 미만이라면 스트레칭, 독서, 일기 같은 기본적인 자기계발에 활용하는 것이 효율적이다.

셋째, 독서를 한다. 어떤 분야든 상관없다. 하루에 30분만 읽어도 일주일에 한 권을 완독할 수 있다. 1년이면 52권의 책을 읽는 것이다. 당장 오늘부터 도전해보면 어떨까.

직장인의 95%가 자신은 저녁형 인간이라고 답했으며, 그중 70%가 아침형 인간이 되고 싶다는 답변을 했다고 한다. 자신이 저녁형 인간이고 어떤 목표를 위해 저녁 시간을 효율적으로 사용할 수 있으면 굳이 하루를 일찍 맞을 필요는 없다. 컨디션이 나빠져서 하던 일이 틀어지면 더 문제일 테니 말이다. 특별히 그런 일이 없다면 30분이라도 일찍 일어나 새벽 시간을 활용해보길 권한다.

할 일이 아닌 한 일을 기록하라

간단한 일은 짧은 시간에 처리한다

30분을 티끌과 같은 시간이라고 말하지 말고,
작은 일이라도 처리하는 것이 현명하다.
- 괴테 -

중요한 시간에는 중요한 일을, 보통의 시간에는
보통의 일을, 즐거운 시간에는 즐거운 일을 하라.

『시간을 정복한 남자, 류비셰프』(다닐 알렉산드로비치 그라닌 지음, 이상원 옮김, 황소자리, 2004)는 구소련 과학자 류비셰프가 남긴 '시간 통계' 노트를 단서로 생전에 그가 발휘했던 괴력에 가까운 학문적 열정과 방대한 성과물을 담은 책이다.

그는 매일 8시간 이상을 잤고 운동과 산책을 했으며 한 해 평균 60여 차례의 공연 관람 등 풍요로운 여가를 즐겼다. 그럼에도 전공 분야인 곤충 분류학 말고도 농학, 유전학, 식물학, 수학, 철학, 역사, 문학, 윤리학 등 다양한 분야의 저작을 남겼다.

이것이 가능했던 것은 그가 자투리 시간까지 빠짐없이 기록한 시간 관리자였기 때문이다.

그는 26세부터 56년 동안 하루도 빠지지 않고 '시간 통계'를 일기 형식으로 기록했다. 자신이 하루를 어떻게 보냈는지 분 단위로 자세히 적어놓았다. 아래는 류비셰프가 기록한 시간 통계의 일부분이다.

· 곤충 분류학 : 알 수 없는 곤충 그림을 두 점 그렸음. (3시간 15분)

· 어떤 곤충인지 조사함. (20분)

· 추가 업무 : 슬라바에게 편지를 씀. (2시간 45분)

· 휴식 : 아고르에게 편지를 씀. (10분)

· 톨스토이의『세바스토폴 이야기』를 읽음. (1시간25분)

하루 동안 한 일과 소요시간을 적은 것이 전부였다. 학문 관련 업무를 기본 업무로 놓고 나머지 업무에 대해서도 분 단위로 기록했다. 작은 시간까지 소홀히 하지 않았던 것이 82세 생애 동안 70권의 학술서적과 단행본 100권 분량의 연구논문을 남길 수 있던 비결이 아닐까.

시간이 없다고 말하는 사람들은 시간을 충분히 활용하지 못하고 있는 것인지도 모른다. 조금만 찾아보면 버려지는 시간을 찾을 수 있을 것이다. 시간이 있다며 할 일을 미루는 습관도 문제다. 정작 중요한 업무를 미루고 그 시간에 아주 소소한 일을 해버리는 우를 범할 수도 있다. 무심코 버려지는 시간에는 보통 다음과 같은 상황이다.

· 버스나 열차를 기다리는 5~10분간 아무것도 하지 않거나 스마트폰을 들여다본다.

· 출퇴근 이동 때 자리가 나서 앉으면 20~30분간 쪽잠을 잔다. 좌석에 앉지 못했을 땐 스마트폰으로 동영상을 시청한다.

· 화장실에 앉아 볼일 볼 때 스마트폰을 들여다본다.

· 점심시간에 동료와 차 마시며 대화하기보다 스마트폰을 들여다본다.

· 회의시간이 다가오면 회의 자료를 살펴보는 대신 커피를 마시거나 동료와 잡담을 한다.

생각해보면 알게 모르게 버려지는 자투리 시간이 의외로 많다. 간단한 일을 파악해두면 자투리 시간을 활용해 처리할 수 있다. 스마트폰만 있으면 이메일 확인, 서류 검토 등을 할 수 있고 이에 대한 간단한 답신이나 메모도 바로 처리할 수 있다. 간단한 일을 자투리 시간에 처리해서 중요한 업무를 할 시간에서 제해보자. 업무 효율이 확실히 높아질 것이다.

할 일이 아닌 한 일을 기록하라

일의 순서만 바꿔도 결과가 바뀐다

겨울이 지나지 않고 봄이 오랴.
- 속담 -

일을 한 후에 휴식을 취하는 것이지 휴식을 취한 후
일을 하는 것이 아니다. 눈앞에 보이는 달콤한 사탕은
할 일을 끝내고 먹을 때가 가장 맛있는 법이다.

식욕, 성욕, 수면욕은 생존본능과 이어져 있다. 이런 욕구가 자극되었을 때 인간은 정신적 쾌감을 맛본다. 흡연, 간식, 게임, SNS 등 정신적 쾌감과 얽힌 습관은 특히 바꾸기가 어렵다.

보통 반복된 행동이 습관이 되는데 자세히 살펴보면 환경에 영향을 받아 습관화되었음을 알 수 있다. 예를 들어 아침에 출근하자마자 커피를 찾는 행동, 회의 시간 직전 피우는 담배 등은 어떤 환경과 맞물린 습관이다. 이런 습관은 간단히 바꿀 수 있다.

환경과 맞물린 자신의 습관을 인지하고 그것을 바꾸고 싶다면 그 행동을 미루어보자. '아침부터 커피를 마시는 것은 좋지 않으니 차를 먼저 마시고 커피는 오후에 마시자', '회의 시간 직전에는 자료를 살펴보고 담배는 회의가 끝나면 태우자' 하고 습관화된 행동을 미루고 다른 행동을 앞에 넣는 것이다.

이때 대체하는 행동이 '차를 마시면 건강에 좋으니까', '회의 자료를 검토하면 능률이 올라가니까' 하고 자신에게 더 긍정적인 근거를 찾으면 거부감이 들지 않는다.

무엇을 그만두려고 마음먹으면 그만두려는 행동이 자꾸 생각나기 때문에 끊기가 더 어렵다. 한 번에 끊으려다 실패하느니 행동 미루기로 조금씩 줄여가는 게 좋다.

문서 작성 중 생각대로 일이 풀리지 않아 담배가 생각나는가? 그러면 문서 작성을 완료하고 흡연을 하자고 생각하라. 참아야 해서 스트레스가 생긴다면 간식을 먹거나 동료와 잡담을 해도 상관없다. 그저 담배를 피우겠다는 생각만 미뤄라. 문서 작성을 완료한 후로 말이다. 어쩌면 문서 작업의 집중력이 올라갈 수도 있다.

무언가를 그만두고 싶다면 잠시 그 행동을 미루자. 한 번에 습관을 끊기는 어려워도 미루다 보면 최종적으로 그만두기에 성공하게 될 것이다.

목표를 향한 첫걸음은
준비가 아닌 계획 실행이다

오랫동안 꿈을 그리는 사람은
마침내 그 꿈을 닮아간다.
- 앙드레 말로 -

고통은 필연이지만 괴로움은 선택이다.
아픈 것은 피할 수 없지만 견딜지 여부는 선택할 수 있다.

하고 싶은 것이 생겼다. 바로 운동이다. 요가를 배우고 싶었지만 왠지 조금 쑥스러워서 헬스를 하기로 마음먹었다. 헬스를 하기로 마음먹은 순간부터 상상의 나래가 펼쳐졌다. 내가 그리는 이상적인 몸매가 되어 자신감 넘치는 표정을 짓고 있다. 달라진 나를 바라볼 시선을 상상하니 즐거워졌다.

'그럼 이제 운동을 해볼까? 일단 헬스장을 등록하자! 지금? 아니 오늘은 귀찮으니 내일 할까?'

생각이 길어질수록 여러 가지 고민이 생겨나기 시작했다.

'운동복이 없네? 신발은 뭘 신지? 그냥 일반 등록을 할까? 비싸더라도 체계적인 PT를 등록하는 게 나을까? 운동 방법은? 시간대는?'

많은 선택지 중에 결정하려고 하니 벌써부터 귀찮다. 운동을 하고 싶다는 의지보다 귀찮게 하는 이유가 더 많아진 것이다.

무언가를 시작하기 전에 그것을 이뤘을 때를 그려보는 것은 동기부여가 된다. 포기하고 싶은 순간이나 인내심을 발휘해야 하는 순간에 목표를 지속하게 하는 힘이 된다. 하지만 상상하던 결과는 절대 빠르게 나타나지 않는다. 지나친 상상은 현실과의 차이를 더 벌려서 자칫 목표로 향하던 발걸음을 멈추게 할 수 있다.

마크 트웨인은 "앞으로 나아가기 위한 비결은 일단 시작하는 것이다. 일단 시작하기 위한 비결은 복잡하고 압도적인 일을 다루기 쉬운 작은 일로 분해한 뒤 맨 처음의 하나를 시작하는 것이다."라고 했다. 귀찮게 여겨지는 일을 필요한 순서대로 전부 나열해보고 하나씩 해나가는 것이다. 여기서 가장 중요한 것은 가장 처음 해야 하는 일을 정하는 것이다.

많은 선택지 앞에 놓이면 쉬운 일을 먼저 하려고 한다. 가령 운동을 시작하는 대부분의 사람이 제일 처음 하는 일이 운동복

할 일이 아닌 한 일을 기록하라

구입이다. 하지만 진짜 중요한 일은 헬스장에 등록하는 것이다. 운동을 하기 위한 목표를 세웠으면 준비가 아닌 운동을 해야 한다. 운동복을 마련하고 어떤 등록을 할지 정하고 시간을 설정하는 것은 그다음 일이다.

무언가를 하기로 하면 무의식적으로 환경 만드는 일에 중점을 둔다. 그보다는 실행에 중점을 두어야 한다. 계획을 실행한 후에 서서히 환경을 개선해 나간다면 목표 달성 횟수가 늘어날 것이다.

긍정적인 태도 유지만으로
상황은 좋아진다

사람은 마음먹기에 따라
행복하기도 하고 불행하기도 하다.
- 몽테뉴 -

무엇을 더 바라보느냐에 따라 기분도 그리고 현실도 달라진다.
지금 당신은 무엇을 바라보고 있는가?

친한 친구와 같은 영화를 보고 생각이나 감정이 다르다고
느낀 적이 있지 않은가? 세상을 바라보는 관점은 저마다 다르
다. 받아들이는 태도의 차이 때문이다.

어떤 상황이나 물질에 대해 확고한 생각이 태도로 드러난
다. 태도가 부정적이면 무엇이 되었든 눈에 보이진 않더라도 시
기와 질투가 가득하며 남들과의 비교로 자신과 타인을 비판하
기 바쁘다.

반면 긍정적인 태도를 지닌 사람은 타인의 질타를 받아들이

할 일이 아닌 한 일을 기록하라

고 수정하려고 노력하며 실패의 원인도 우선 자신의 행동을 돌아보며 문제를 파악해 나간다. 내면의 태도 차이로 문제에 대한 접근 방법이 완전히 달라지는 것이다.

부정적인 태도든 긍정적인 태도든 둘의 공통점은 어떤 결과가 나오든 자신이 객관적이라고 믿는 것이다. 자신이 세상에 대해 객관적인 사고방식을 가지고 있다고 생각한다. 확증편향 때문에 스스로를 객관적이라고 여기는 것이다. 하지만 누구도 세상을 같은 식으로 보고 경험하지 않는다. 관점이 비슷한 사람이 있을 뿐이다.

카페에서 내리는 눈을 보며 느끼는 생각도 다르다. 눈이 녹고 난 후 질퍽거리는 거리를 생각하며 벌써부터 불쾌한 감정이 들 수도 있고 어린 시절 친구들과 함께 눈사람을 만들고 썰매를 탔던 즐거운 추억을 되뇔 수도 있다. 하지만 주변 환경의 차이로 느끼는 감정은 대부분 동일하다. 예를 한번 들어보자.

상황 1.

늦잠으로 일분일초가 바쁘다. 일어나보니 밖에는 눈까지 내린다. 평소와 같아도 지각할 확률이 높은데 눈까지 내리고 있다.

상황 2.

평소보다 일찍 일어나 아침을 맞았다. 창밖을 보니 밖에는 눈이 내리고 있다. 나는 따뜻한 커피를 마시면서 창밖을 바라본다.

상황 1과 상황 2에서 느끼는 감정은 다르다. 눈이 오는 것은 긍정적이지도 부정적이지도 않지만, 자신에게 놓인 상황에 따라 관점이 달라지는 것이다.

성격 차이도 마찬가지다. 같은 날 한 반에 두 명의 학생이 전학을 왔다. 한 명은 활발하고 사교성이 넘치는 학생이며 다른 학생은 내성적이며 소심한 성격이다. 두 사람에게 그날의 감상은 다르게 기억될 것이다. 이는 성격에 따라 관점이 달라지는 경우다.

위와 같은 경우가 아니라면 태도에 따라 얼마든지 상황을 바꿀 수 있다. 『백만장자 시크릿』(나선숙 옮김, 알에이치코리아, 2020)의 저자 하브 에커는 일주일간 절대 불평하지 않는 것만으로 인생이 바뀐다고 말했다.

일주일 동안 부정적인 생각이 들 때마다 그 생각을 떨쳐버리고 부정적인 말을 하지 않으면 된다. 평상시 부정적인 생각을

할 일이 아닌 한 일을 기록하라

없애고 긍정적인 태도를 유지하는 것만으로도 많은 변화를 이끌 수 있다.

무의미하게 보내던 시간의
가치를 발견했을 때

승자가 즐겨 쓰는 말은 '다시 한 번 해보자'이고
패자가 즐겨 쓰는 말은 '해봐야 별수없다'이다.
- 탈무드 -

지금까지 별수없었다 해도 다시 한 번 해보자.
패배로 끝나기에는 주어진 시간이 많다.

　사람은 언젠가 죽는다. 그날이 내일이 될 수도 있고 1년 후,
10년 후일 수도 있다. 흔히 동기부여를 얘기할 때 '당장 내일 죽
는다면?'이라는 생각으로 하루를 살아보라고 한다. 자신의 삶을
되돌아보는 계기가 될 수 있기 때문이다.

　내가 만약 몇 개월의 시한부를 선고받는다면, 해보고 싶었
던 일을 하며 하루하루를 보낼 것 같다. 남을 위한 시간이 아닌
오로지 나만을 위한 하루를 보낼 것이다. 얼마의 돈이 들든, 그

할 일이 아닌 한 일을 기록하라

행동이 옳든 그르든 상관하지 않을 것이다.

누구는 내일 멸망한다면 사과나무를 심겠다는데, 나는 나를 위한 시간으로 채운다니 어쩌면 이기적이라고 생각할지도 모르겠다. 그래도 마지막 날까지 남의 시선 생각하지 않고 마음 가는 대로 나를 위한 시간을 보낼 것이다.

하지만 죽음까지 10년이라고 하면 조금 생각이 달라질 것 같다. 나를 위해 시간을 사용하는 것은 동일하지만 미래를 위한 무언가를 계획하고 실행할 것이다. 현재에만 집중하는 것이 아닌 과거를 돌아보고 미래를 꿈꿀 것이다. 절대 예전과 같이 돈 걱정, 건강 걱정, 직장생활 걱정은 하지 않고 목표 달성을 위해서만 살 것이다.

자신의 10년 후 모습을 상상해보면 좋겠다. 지금과는 다른 미래에 살고 있을까? 지금과 비슷한 인생을 살고 있을까? 만약 더 나은 미래의 모습이 상상되지 않는다면 지금부터 준비해야 한다.

소망이 아닌 꿈을 설정하고 나아가자. 지금의 직장, 취미, 가족을 포기하라는 것이 아니다. 무의미하게 보내던 시간의 가치를 새로이 발견하고 꿈을 이루는 일에 사용하자.

목표 달성을 방해하는 행동습관

최대 적은 마음속의 유혹이다.
- 윈스턴 처칠 -

유혹에 이기지 못하는 것도 습관이다. 버리지 못하는 것도
마찬가지이다. 그리고 우린 그 습관을 버릴 때가 되었다.

의욕이 앞선 행동습관

늘 새해에는 무언가를 다짐하고 변화하려는 분위기가 조성
된다. 대부분 작심삼일에 그치거나 계절이 바뀌기도 전에 무산
되지만 연례행사처럼 다짐하고 결심한다. 그중 금연과 다이어
트는 대표적인 새해 다짐의 양대 산맥이다. 금연과 다이어트를
예로 들어 새로운 목표가 실패로 돌아가는 상황 세 가지를 소개
한다.

할 일이 아닌 한 일을 기록하라

첫 번째는 직장동료나 가족에게 계획을 알리고 도움을 요청하는 상황이다. 얼핏 괜찮은 행동 같지만 함정이 있다. 도움을 청한 사람과의 약속을 자신의 목표보다 우위에 둘 수 있다. 그러면 원래 자신의 목표(금연, 다이어트)보다 사람들의 시선을 더 신경 쓰게 된다. 도움을 주고자 자신을 감시하는 대상이 사라지면 통제했던 것들을 스스로 놓아버릴 수 있다.

예를 들어 김 과장은 직장동료 박 과장에게 올해부터 금연을 하겠다고 선포하고 만약 자신이 담배 피는 모습을 발견하면 벌금을 내기로 했다고 하자. 며칠간은 괜찮았지만 2주쯤 되자 박 과장을 피해 조용한 공간을 찾아 몰래 폈다. 금연은커녕 아예 출퇴근 시간에 몰아 피우는 줄담배의 습관만 생겨버렸다.

두 번째는 나에게 보상을 하는 상황이다. 아내와 나는 통장을 각자 관리하고 공동 생활비를 절반씩 부담하는 식으로 가계를 운영하고 있다. 일주일에 한 번은 꼭 외식을 하는데 이때 비용은 생활비가 아니라 각자 부담한다.

새벽 운동을 해야지 하고 결심하고 행동으로 옮기지 못하고 있던 차에 아내가 '내일 새벽 운동 1시간을 하면 이번 외식비는 내가 내겠다'라고 제안을 했다. 운동도 하고 돈도 절약할 수 있으니 지키지 않을 이유가 없었다. 다음 날 즐겁게 새벽 운동을 했다.

보상은 계획한 행동을 이끌어주는 방법이 될 수 있다. 하지만 보상으로 행동을 지속하기에는 한계가 있다. 보상이 끝나는 순간 돌아올 확률도 높아진다. 나 또한 새벽 운동은 채 한 달도 유지하지 못했다.

세 번째는 유혹을 없애버리는 상황이다. 제거는 당장은 좋은 수단 같지만 가장 빠르게 포기하게 만들기도 한다. 금연을 위해 라이터와 담배를 버리고 다이어트를 위해 집안의 간식들을 모조리 없애버리면 반짝 효과는 있다. 하지만 얼마 못가 담배와 간식 생각이 머릿속에 가득해질 것이다.

'담배 태우지는 말고 가까이 두고 냄새만 맡자', '먹지 않고 보기만 할 테니 채워만 놓자' 같은 유혹을 이기지 못해 예전과 같은 환경으로 돌아가 끝내 포기하게 된다.

세 가지 방법에는 하나의 공통점이 있다. 계획한 자아가 행동하려는 자아를 강제로 통제한다는 것이다. 통제가 강압적일수록 더 큰 반발력이 생겨 제어를 포기하는 것이다. 오히려 줄담배 같은 더 큰 문제를 초래하기도 한다.

몸에 배어 있는 습관을 억제할 때 큰 반발력이 생긴다. 그동

할 일이 아닌 한 일을 기록하라

안 담배를 폈을 때, 달콤한 것을 먹을 때 즐거워서 그 행동을 했을 것이다. 그 사람에게는 그 행동이 가치가 높았던 것이다. 비흡연자나 군살이 없는 사람과는 가치를 두는 행동이 다른 것이다.

습관을 바꾸기 위해서는 자신의 행동 가치를 떨어뜨려야 한다. 다시 말해 계획하는 자아와 행동하는 자아 사이에 타협점을 찾아야 한다. 가령 하루에 한 갑 피우는 담배를 반 갑으로 줄이고 과자 두 봉지를 반 봉지만 먹는 식이다.

행동을 억제하는 것이 아닌 타협하는 것이기 때문에 지키기가 훨씬 수월하다. 자신과의 협상으로 행동하는 자아의 저항을 줄이고 슬며시 자리를 넓혀간다면 좋은 습관으로 변해 있을지도 모른다.

미루는 행동습관

미루는 습관은 내 시간을 빼앗는 강력한 적이다. 여기서 말하는 미루는 습관은 지금 할 수 있는 일들을 당연시 늦추는 것이다. 해야 할 일의 우선순위가 미루어진 것이라면 그것은 계획적인 일과에 속하며 체계적인 시간 사용에 도움을 준다. 하지만 다른 업무가 없음에도 불구하고 업무를 미루는 일은 나쁜 습관이니 당장 그만둬야 한다.

할 일이 없으면서 미루는 이유는 중요하지 않거나 시간적 여유가 있는 상황에서 주로 발생한다. 오늘까지 해야 하는 일은 "조금 있다가 해야지" 하고, 내일까지 해야 하는 일은 "내일 하면 되지" 하고, 이번 주까지 해야 되는 일은 "이번 주 내에 하면 되지" 하고 미룬다. 하지만 당장 시간이 있으면서 미루게 되면 지금 시간은 물론 추후의 시간마저 빼앗아간다.

할 일을 미루고 엄청나게 중요한 일을 하는가? 딱히 할 일도 없이 스마트폰을 바라보거나 동료와 잡담하지는 않는가? 그 일을 어쩔 수 없이 해야 할 시기가 오면 그동안 쌓인 업무와 추가된 신규 업무를 처리하느라 정신이 없을 것이다. 최종적으로 업무 효율성은 떨어지게 된다. 이런 현상이 반복되기 때문에 '시간이 부족하다'라는 생각이 드는 것이다.

스톡홀름 대학에서 발표한 논문에 따르면 성인의 5분의 1이 미루는 습관으로 인해 문제를 겪고 있다고 한다. 부정적인 결과로 이어질 것을 뻔히 알면서도 당장의 즐거움 때문에 해야 할 일을 미루며 핑계를 반복하는 것이다.

하지만 해야 할 일을 미룬다고 해서 한가함이 찾아오지는 않는다. 아무것도 할 일이 없어서가 아니라 무엇이든지 할 수 있는 여유가 생겼을 때 '한가함'이 찾아온다. 일을 미루면서 생

할 일이 아닌 한 일을 기록하라

긴 것은 무의미한 시간 사용에 불가하다.

미루는 습관은 당장의 즐거움을 위해 작용하는 행동 패턴이다. 이를 인지하고 현재의 즐거움이 아닌 미래의 보상으로 바꿀 필요가 있다. 미루는 행동으로 즉각적인 즐거움을 얻을 수 있지만, 결과는 나쁘게 흐름을 인지하자. 할 일을 빨리 마치고 휴식을 취하는 방식이 즐거움과 좋은 결과를 동시에 얻을 수 있는 방법이다.

할 일이 아닌 즐거움을 미루는 연습을 하자. 나쁜 습관의 결과는 실패일 수밖에 없다. 미루는 습관의 방향을 조금만 바꾸는 것만으로 우리는 언제든지 달라질 수 있다.

한 일을 적고 할 일을 찾아 행동한다

시간은 생각보다 훨씬 많음을 알려주고 싶었다. 그것을 느끼게 해주는 계기가 바로 한 일 기록이다. 한 일 기록을 통해 당신이 가지고 있는 시간을 느끼고 그 시간을 제대로 활용함으로써 시간이 주는 기회를 알아가기를 바란다.

모든 행동에는 대가가 따른다. 동전에도 양면이 있고 어둠이 있으면 빛이 있으며 뜨거움이 있으면 차가움도 존재한다. 품고 있는 꿈을 이루려면 남다른 열정과 의지를 갖추고 직장, 취미 등을 포기하고 더 많은 시간을 투자해야 한다. 많은 것을 포기할 필요 없이 꿈을 달성할 수 있다. 대가는 시간이다. 알게 모르게 사용해버린 자투리 시간이면 된다.

지금까지 말만 하면서 행동하지 않는 삶을 살아왔다면, 이

214   할 일이 아닌 한 일을 기록하라

루지 못한 꿈에 대해 핑계 대기 바빴다면 해야 할 일이 아닌 한 일을 기록함으로써 이제 달라질 것이다. 지금의 환경은 내가 만든 결과이며 바뀌지 않으면 성장할 수 없음을 깨닫고 시간이 준 기회를 활용할 테니 말이다.

　변화하고 싶다면 환경 따윈 신경 쓰지 마라. 변화하는 순간 환경은 바뀔 것이다. 시간은 많으니 포기하지 마라. 꿈을 놓지 않는 한 그 꿈은 언제든 이룰 수 있다.

할 일이 아닌
한 일을 기록하라

초판 1쇄 인쇄 2020년 9월 11일
초판 1쇄 발행 2020년 9월 18일

지은이   이민우
편집인   서진
펴낸곳   이지퍼블리싱

책임편집   하진수

마케팅총괄   구본건
마케팅   김정현
영업   이동진
디자인   강희연, 양은경

주소   경기도 파주시 광인사길 209, 202호
대표번호   031-946-0423
팩스   070-7589-0721
전자우편   edit@izipub.co.kr
출판신고   2018년 4월 23일 제 2018-000094 호

ISBN 979-11-90905-04-6 (03190)